Vom Nähen und Stricken ehrbarer Zürcher Damen

Anne-Marie Weder

Vom Nähen und Stricken ehrbarer Zürcher Damen

125 Jahre Verein Schweizer Ameisen
Sektion Zürich 1893–2018

CHRONOS

Publiziert mit einem Förderbeitrag folgender Stiftungen:
– Baugarten Stiftung
– Hans Imholz-Stiftung
– Stiftung Interfeminas
– Walter B. Kielholz Foundation
sowie weiteren grosszügigen anonymen Spenden

Informationen zum Verlagsprogramm:
www.chronos-verlag.ch

Umschlagabbildung: Mitgliederkarte um 1900

© 2018 Chronos Verlag, Zürich
ISBN 978-3-0340-1493-9

Inhaltsverzeichnis

Vorwort   7

Der Schweizer Ameisenstaat entsteht   9
Strickende und nähende Ladys aus England entspinnen
    den Ameisengedanken   9
Die Pionierinnen aus Genf   13
Die Zürcher Ameisen nehmen den Faden auf   14
Die erste Zürcher Ameise: Emmy Schwarzenbach   14

Die Zeit, in der die Ameisen ihr Werk begannen   17
Wandel in Gesellschaft und Wirtschaft   17
Soziale Fürsorge in der Schweiz im 19. Jahrhundert   18
Zur Rolle der bürgerlichen Frau des 19. Jahrhunderts
    in Haus und Verein   20

Zürcher Ameisenköniginnen   23
Emmy Rudolph-Schwarzenbach (1873–1970)   23
Mathilde Vogel (1862–1946)   25
Gertrud Mousson (1869–1966)   28
Marie Schläpfer-Stockar (1874–1951)   29
Emy Stehli-Zweifel (1873–1949)   30
Marguerite Paur-Ulrich (1887–1968)   32
Interview mit Monika Beckedorf-Gasser,
    Enkelin von Marguerite Paur-Ulrich   33
Erinnerungen von Monika Beckedorf-Gasser
    an ihre Grossmutter Marguerite Paur-Ulrich   38
Eva Kesselring-Schläpfer (1909–2003),
    Tochter von Marie Schläpfer-Stockar   40
Lilly Rordorf (1890–1998)   42
Interview mit Denise Jagmetti-de Reynier (1933)
    Ameise seit 1937, Präsidentin 1977–1990   43

Das Sammelgut	**47**
Sammeln, sortieren, packen und verteilen	47
Besondere Emsigkeit in den Kriegs- und Zwischenkriegsjahren	52
Vom Ameisensack zum Geldbeutel	53
Spendenempfänger	**56**
Veränderungen im Empfängerkreis	56
Zu Besuch bei zwei unterstützten Institutionen	57
Kinderheim Pilgerbrunnen, Zürich	57
Verein Chinderhus Blueme, Grub AR	61
Vereinsorganisation	**66**
Vereinszweck und Statuten	66
Berichte und Mitgliederverzeichnis	70
Mitgliederzahlen	71
Kontakt mit anderen Sektionen	73
Wenig Rampenlicht – und zwei ganz grosse Auftritte	74
Schweizerische Landesausstellung in Genf, 1896	75
Schweizerische Ausstellung für Frauenarbeit in Bern (SAFFA), 1928	76
Webauftritt	77
Anmerkungen	78
Der Vorstand des Vereins Schweizer Ameisen Sektion Zürich	83
Vorstandsmitglieder seit der Gründung	83
Abkürzungen	84
Abbildungsnachweis	84
Quellen und Literatur	85

Vorwort

Seit 125 Jahren wirken die Ameisen des Vereins Schweizer Ameisen Sektion Zürich und widmen sich emsig ihrem wohltätigen Werk – heute genauso wie zur Zeit der Sektionsgründung 1893 fast gänzlich unbemerkt von der Öffentlichkeit. Sie unterstützen benachteiligte Menschen, vor allem im Kanton Zürich. «Der Verein der Ameisen ladet die jungen Mädchen zur gemeinsamen Arbeit in einem Liebeswerk ein, die Armen zu kleiden», heisst es in den ersten Statuten. Dieses Motto treibt die Mitglieder auch heute noch an.

Der Verein mit seinen 550 Mitgliedern ist nach wie vor gemäss den Statuten aus dem Gründungsjahr organisiert: Sammlerinnen, die je einer Gruppe von Ameisen vorstehen, tragen deren Spenden zusammen. Bis vor wenigen Jahrzehnten waren dies fast ausschliesslich Textilien, mittlerweile bestehen die Spenden fast vollumfänglich aus Geldern. Jeweils zum Jahresende werden damit ausgewählte Institutionen im Kanton Zürich bedacht, die sich auf unterschiedlichste Weise um Kinder und Erwachsene in schwierigen Lebenssituationen kümmern. Früher dienten unsere Textilspenden dazu, Not zu lindern. Mit unseren heutigen zweckgebundenen Geldspenden sollen benachteiligten Menschen Momente der Freude bereitet werden.

Ihre gemeinnützige Arbeit verrichten die Zürcher Ameisen seit jeher ohne Aufhebens. Das 125-jährige Jubiläum nehmen wir nun zum Anlass, erstmals seit der Gründung an eine breitere Öffentlichkeit zu treten und die lange Vereinsgeschichte der fleissigen Ameisen in einer Publikation darzustellen. Diese Aufgabe hat die Historikerin Anne-Marie Weder übernommen. Sie trug interessante Informationen aus Jahresberichten zusammen und forschte in Archiven nach Spuren der Ameisen. Kein einfaches Unterfangen, da die Ameisen wenig dokumentierten und aufbewahrten und auch in den Medien kaum über sie berichtet wurde.

Mit diesem Buch möchten wir in erster Linie festhalten, was nicht verloren gehen darf. Insbesondere wollten wir die Anfänge der Zürcher Ameisen ergründen und in Erfahrung bringen, was das für Frauen waren, die am Ende des 19. Jahrhunderts ein Netzwerk spannten, um mit Handarbeiten gegen das Leid in Zürich und mancher Gemeinde im Kanton anzukämpfen. Wie wurde man überhaupt eine

Abb. 1: Sabine Gloor-Kern, Präsidentin Verein Schweizer Ameisen Sektion Zürich.

Ameise? Wo wurden alljährlich die riesigen Textilhaufen sortiert und gepackt und an wen wurden die gesammelten Kleidungs- und Wäschestücke schliesslich verteilt? Das Buch gibt Antworten auf diese Fragen und beleuchtet weitere Details aus unserer Vereinsgeschichte. Sie geben Einblick in die Aufgaben und die Organisation eines bislang kaum in Erscheinung getretenen Vereins, der wie zahlreiche andere von Frauen ins Leben gerufene Wohltätigkeitsorganisationen kurz vor der Wende zum 20. Jahrhundert entstand.

Für ihre grosse Arbeit danken wir Anne-Marie Weder. Wir bedanken uns auch bei den Interviewpartnerinnen und -partnern für ihre Bereitschaft, Auskunft zu geben. Ebenfalls danken möchten wir allen, die dieses Buch durch ihre finanzielle Unterstützung ermöglicht haben.

Schon 125 Jahre erfüllt der Verein Schweizer Ameisen Sektion Zürich erfolgreich seinen Vereinszweck. Ich bin überzeugt, dass es den Zürcher Ameisen auch in Zukunft gelingen wird, sich den ändernden Bedürfnissen und dem Zeitgeschehen anzupassen. Unser Wirken ist nötig und wird geschätzt. Deshalb bleiben wir emsig, um benachteiligten Menschen weiterhin Freude zu schenken!

Sabine Gloor-Kern
Präsidentin Verein Schweizer Ameisen Sektion Zürich.

Der Schweizer Ameisenstaat entsteht

Strickende und nähende Ladys aus England entspinnen den Ameisengedanken

«Beispielgebend für die Schweizer Ameisen war allem Anschein nach die ‹Liverpool Needlework Guild›», erfahren wir aus dem Bericht von 1973. Die Quelle hierzu sei erst kürzlich in den Vereinsakten entdeckt worden.[1] Besagte Quelle sind die Statuten der Liverpool Needlework Guild, die 1889 gegründet worden war. Daraus ersichtlich sind Organisation, Regeln und die Präsidentinnen dieser «Handarbeits-Zunft». Als Generalpräsidentinnen werden HRH The Princess Mary Adelaide, Duchess of Teck und Giana, Lady Wolverton, Foundress of the Needlework Guild, genannt. Die Parallelen zwischen den Statuten aus England und denjenigen des Vereins Schweizer Ameisen sind in allen Punkten offensichtlich, das Strickmuster sozusagen dasselbe: Nicht nur ist der Vereinszweck beider Organisationen derselbe: «[...] to provide Clothing for the Poor [...]», sondern auch der erste Artikel lautet ganz ähnlich: «All Members are bound to contribute two or more *new* garments every year; [...].» Der erste Artikel enthält, anders als die Statuten des Vereins Schweizer Ameisen, den Zusatz, dass Männern der Beitritt ebenfalls erlaubt sei und sie statt zwei Kleidungsstücken abzugeben, einen jährlichen Beitrag im Gegenwert derselben zu entrichten hätten. Abschliessend und wiederum im Unterschied zu den Statuen der Schweizer Ameisen heisst es im Abschnitt zur Vereinsorganisation, dass sie offen für Mitglieder jeden Alters und aller Klassen und überkonfessionell sei.[2]

Lady Wolverton hatte bereits 1882 eine erste Needlework Guild ins Leben gerufen. Als sie von der Hausmutter eines Waisenhauses in Dorset angefragt wurde, ob sie nicht 24 Paar handgestrickte Socken und zwölf Pullover für die Kinder beschaffen könne, soll diese Bitte sie dazu inspiriert haben, innerhalb ihres Freundeskreises eine Hilfsgemeinschaft zu bilden.[3] Giana Wolverton war eine wohlhabende Frau. Sie hätte dem Waisenhaus also auch bequem einen Check ausstellen können. Doch sie vertrat die Ansicht, dass blosses Geld zu verschenken, die einfachste und vor allem kälteste Form von Wohltätigkeit sei.[4] Deshalb sollte jede Dame jährlich mindestens zwei Kleidungsstücke anfertigen, um das Waisenhaus und andere Wohlfahrtseinrichtungen zu unterstützen. Nach einem Jahr strickten bereits 460 Frauen für diesen Zweck. 1885 übernahm eine Freundin von Lady Wolverton, HRH Princess Mary Adelaide, Duchess of Teck, Mutter der zukünftigen Queen

Mary, das Patronat der Needlework Guild. Die Organisation nannte sich seither «The London Guild» und ab 1889 «The London Needlework Guild». Nach deren Vorbild wurden weitere Zünfte gegründet, darunter die Liverpool Needlework Guild.

Aus der «London Needlework Guild» wurde 1914 «Queen Mary's Needlework Guild». Wie bei den Schweizer Ameisen traten auch in England oft Töchter die Nachfolge ihrer Mütter in einem Vereinsamt an. Dies tat 1953 auch Queen Mum, die Mutter von Königin Elizabeth II. Bis zu ihrem Tod 2002 hatte sie das Patronat inne. Selten soll sie es verpasst haben, an der alljährlichen Packwoche im St. James Palace mit dabei zu sein. Die 1882 ins Leben gerufene Organisation besteht bis heute und trägt seit 1986 den Namen «Queen Mother's Clothing Guild».[5]

Die Idee der «Needlework-Guild» verbreitete sich auch in den Vereinigten Staaten, nachdem die Amerikanerin Alanson Hartpence von einer Englandreise tief beeindruckt von deren Werk in die Heimat zurückgekehrt war. 1885 gründete sie die «Philadelphia Needlework Guild».[6] Weil die Organisation innert kurzer Zeit stark wuchs und sich nicht mehr allein auf Philadelphia konzentrierte, nannte sie sich ab 1891 «The Needlework Guild of America». 1928 bestand sie aus über 600 Sektionen in 41 Staaten.[7] Auch diese Organisation existiert noch immer und gliedert sich derzeit in 25 Sektionen in neun Bundesstaaten.[8]

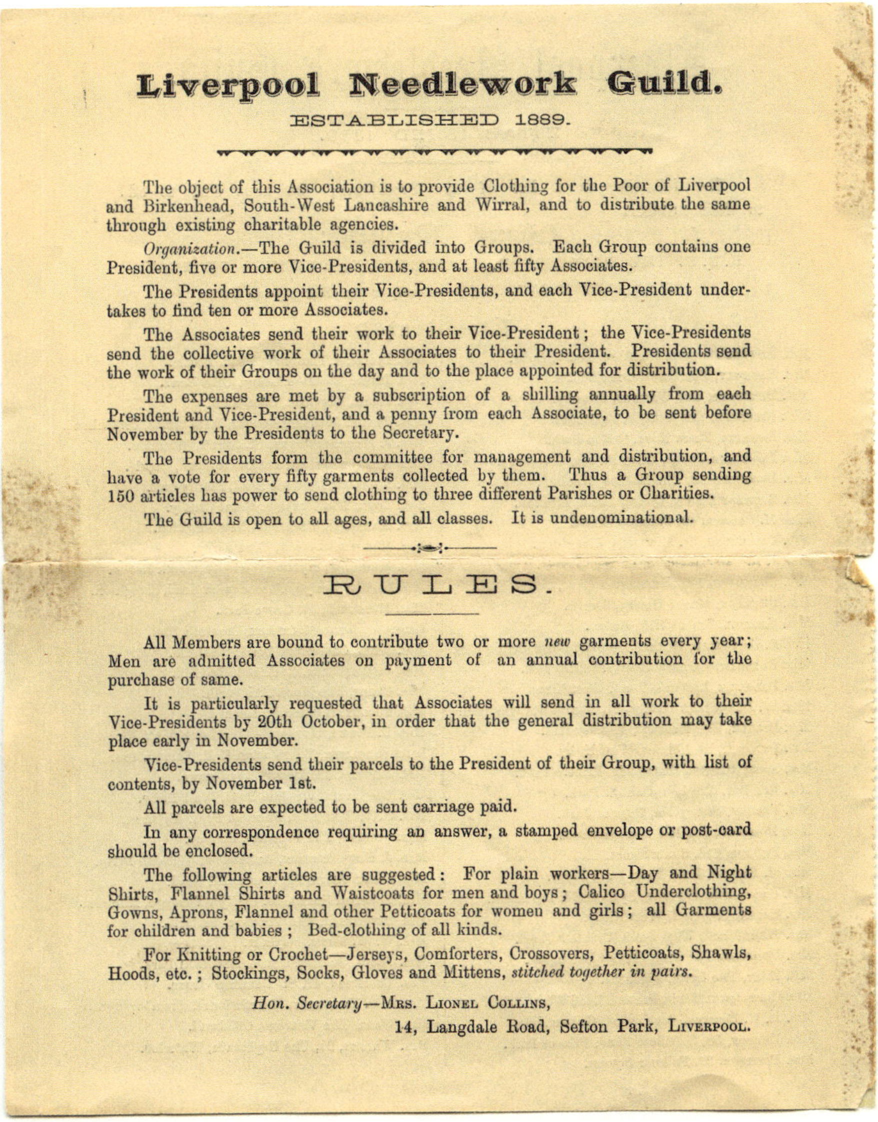

Liverpool Needlework Guild.

ESTABLISHED 1889.

The object of this Association is to provide Clothing for the Poor of Liverpool and Birkenhead, South-West Lancashire and Wirral, and to distribute the same through existing charitable agencies.

Organization.—The Guild is divided into Groups. Each Group contains one President, five or more Vice-Presidents, and at least fifty Associates.

The Presidents appoint their Vice-Presidents, and each Vice-President undertakes to find ten or more Associates.

The Associates send their work to their Vice-President; the Vice-Presidents send the collective work of their Associates to their President. Presidents send the work of their Groups on the day and to the place appointed for distribution.

The expenses are met by a subscription of a shilling annually from each President and Vice-President, and a penny from each Associate, to be sent before November by the Presidents to the Secretary.

The Presidents form the committee for management and distribution, and have a vote for every fifty garments collected by them. Thus a Group sending 150 articles has power to send clothing to three different Parishes or Charities.

The Guild is open to all ages, and all classes. It is undenominational.

RULES.

All Members are bound to contribute two or more *new* garments every year; Men are admitted Associates on payment of an annual contribution for the purchase of same.

It is particularly requested that Associates will send in all work to their Vice-Presidents by 20th October, in order that the general distribution may take place early in November.

Vice-Presidents send their parcels to the President of their Group, with list of contents, by November 1st.

All parcels are expected to be sent carriage paid.

In any correspondence requiring an answer, a stamped envelope or post-card should be enclosed.

The following articles are suggested: For plain workers—Day and Night Shirts, Flannel Shirts and Waistcoats for men and boys; Calico Underclothing, Gowns, Aprons, Flannel and other Petticoats for women and girls; all Garments for children and babies; Bed-clothing of all kinds.

For Knitting or Crochet—Jerseys, Comforters, Crossovers, Petticoats, Shawls, Hoods, etc.; Stockings, Socks, Gloves and Mittens, *stitched together in pairs*.

Hon. Secretary—Mrs. LIONEL COLLINS,
14, Langdale Road, Sefton Park, LIVERPOOL.

Abb.2: Organisation und Regeln der Liverpool Needlework Guild, gegründet 1889. Giana Wolverton, die Gründerin der Needlework Guild, sagte 1882: «Old garments might pauperize, but new garments equalize.»

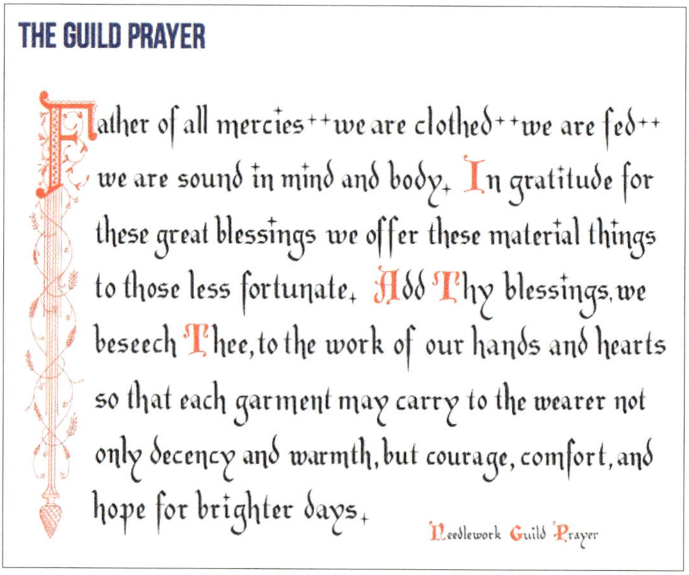

THE GUILD PRAYER

Father of all mercies ++ we are clothed ++ we are fed ++ we are sound in mind and body. In gratitude for these great blessings we offer these material things to those less fortunate. Add Thy blessings, we beseech Thee, to the work of our hands and hearts so that each garment may carry to the wearer not only decency and warmth, but courage, comfort, and hope for brighter days.

Needlework Guild Prayer

Abb. 3: «Zunftgebet» der Needlework Guild.

Abb. 4: Broschüre «History of the Needlework Guild of America», 1948. Im dem kleinen Büchlein wird die Geschichte der Organisation erzählt, die sich 1907 dem Roten Kreuz angliederte. Heute ist sie mit über 170 Non-Profit-Organisationen in den USA verbunden und wirbt mit dem Slogan «New Clothes for New Tomorrows».

Die Pionierinnen aus Genf

Der Verein Schweizer Ameisen wurde 1892 unter dem Namen «Société des Fourmis de Suisse» in Genf ins Leben gerufen. Gründerinnen und zugleich Mitglieder des ersten Vereinsvorstands waren Amélie Gampert (Präsidentin), Mathilde de Morsier (Vizepräsidentin), Alice Forget (Sekretärin), Blanche Hentsch (Vizesekretärin) und Madeleine Hentsch (Kassierin).[9] Dank umtriebigem Werben wimmelte es am Genfersee schon bald von Ameisen: Ende 1892 brachte es die Sektion Genf auf 497 Mitglieder, die Sektionen Morges und Lausanne zählten 65 respektive 71 Mitglieder.[10]

Blanche Hentsch berichtet 40 Jahre später als Präsidentin der Genfer Sektion: «[...] il me semble que c'était hier que dès l'automne de 1891, dans une vieille maison de la rue des Granges, nous nous réunissions joyeusement pour fonder une Société des Fourmis [...].»[11] Amélie Gampert scheint eine beträchtliche Anzahl ihrer weiblichen Verwandten als Ameisen geworben zu haben. Diesen Eindruck vermitteln die Familiennamen des ersten Genfer Mitgliederverzeichnisses, das dem Jahresbericht von 1892 angefügt ist. Aus ihrer Todesanzeige ist zu erfahren, dass sich die zeitlebens unverheiratete Frau in verschiedenen Organisationen engagierte.[12] So war sie Präsidentin des 1901 etablierten philosophischen Zirkels «Foyer du Travail féminin», der Fragen zu Bildung und Moralisierung durch Arbeit diskutierte, sowie Präsidentin der Nähstube Saint-Pierre in Genf.[13] Sie war in mehreren kirchlichen Institutionen tätig und unterstützte ihren Bruder, den Pfarrer Auguste Gampert, in dessen Genfer Kirchgemeinde Saint-Pierre.[14] Amélie Gampert entstammte, wie Lady Wolverton aus England, einer reichen Familie; ihr Urgrossvater Henri Hentsch hatte 1796 das Bankhaus Hentsch & Cie., heute Lombard Odier & Co., gegründet.[15]

Der ursprüngliche Vereinsname lautete «Société des Fourmis de Genève». Weil es den Genfer Ameisen gelang, rasch viele neue Mitstreiterinnen für ihr Werk zu gewinnen und mit Lausanne und Morges bereits im ersten Jahr zwei neue Sektionen gebildet werden konnten, änderte der Verein wenige Monate nach der Gründung seinen Namen in «Société des Fourmis de Suisse».[16] Im Bericht von 1931–1932 schreibt Blanche Hentsch, dass sie mit der Gründung der «Société des Fourmis» dem Beispiel einer ihrer Pariser Freundinnen gefolgt seien, die in Frankreich eine solche Gesellschaft lanciert hätte. Deren Vorbild wiederum sei ein Werk gewesen, das sich bereits in den Niederlanden als erfolgreich erwiesen hätte.[17] Der Ameisengedanke kam somit offenbar nicht direkt aus England in die Schweiz, sondern gelangte in Etappen über die Niederlande und Frankreich nach Genf.

Die Zürcher Ameisen nehmen den Faden auf

Die Gründung der Sektion Zürich wird schon im ersten Bericht der «Société des Fourmis de Suisse» über das Jahr 1892 angekündigt. Unter der Überschrift «Section de Zurich» ist vermerkt: «Présidente: Mme Camille Barbey, 161, Seestrasse, Enge-Zürich (en formation Janvier 1893).»[18]

Geneviève Barbey-Ador (1873–1962) war 1892 eine Genfer Ameise in der Gruppe ihrer jüngeren Schwester Renée Ador.[19] Eine willensstarke und tatkräftige Frau soll sie gewesen sein. So hätte sie sich beispielsweise in der protestantischen Kirche Genfs regelmässig für wohltätige Zwecke eingesetzt und sei eine regelmässige Kirchgängerin gewesen. Da ihr Mann an Depressionen litt und deshalb öfters zur Kur gefahren ist, war sie das Rückgrat ihrer kinderreichen Familie. Geneviève Barbey-Ador hatte elf Kinder, sechs Mädchen und fünf Knaben. Ihre Mutter Alice entstammte der Waadtländer Bankiersfamilie Perdonnet, ihr Vater war Gustave Ador – Jurist, national wie international bestens vernetzter Politiker und Bundesrat von 1917 bis 1919.[20]

Nach Zürich kam die frisch verheiratete Geneviève Barbey-Ador mit ihrem Mann Camille Barbey, der an der ETH Zürich sein Ingenieurstudium weiterverfolgte. Bald nach ihrer Hochzeit zog sie im September 1892 von der Calvin- in die Zwinglistadt und brachte als wertvolle Habe den Ameisengedanken mit in die Deutschschweiz.[21]

Die erste Zürcher Ameise: Emmy Schwarzenbach

Wie in Genf kommen auch in Zürich die Ameisen aus den einflussreichsten und vornehmsten Familien ihrer Stadt. Eine junge Dame aus dem gehobenen Zürcher Bürgertum war Emmy Schwarzenbach (1873–1970), eine engagierte und zielstrebige Frau. Dem Bericht zum 70-jährigen Jubiläum der Zürcher Sektion ist zu entnehmen, dass sie die erste Zürcher Ameise gewesen sei und Geneviève Barbey-Ador darin unterstützt habe, die Zürcher Sektion aufzubauen: «Sie rief Kinder und junge Mädchen aus ihrem Bekanntenkreis zusammen und bildete Gruppen von je 15 Ameisen unter einer verantwortlichen Sammlerin.»[22]

Abb. 5: Geneviève Ador 1891, im Alter von 18 Jahren. Sie war das älteste von sechs Kindern des damaligen Nationalrats und späteren Bundesrats Gustave Ador und dessen Frau Alice Perdonnet.

Abb. 6: Geneviève Barbey-Ador im Gründungsjahr der Sektion Zürich, 1893.

Abb. 7: Emmy Rudolph-Schwarzenbach, 1873–1970.

Abb. 8: Villa Schneeligut (rechts), Seestrasse 161, 1905. Die Gründerin der Zürcher Ameisen, Geneviève Barbey-Ador, wohnte mit ihrem Mann Camille Barbey von 1892 bis 1895 im Haus der Familie Schneeli. Der Erbauer der Villa, Meinrad Schneeli, war der Bruder von Emmy Schwarzenbachs zukünftiger Schwiegermutter Luise Rudolph-Schneeli.

Wie sich der Kontakt zwischen den beiden jungen Frauen ergeben hatte, ist nicht bekannt. Gut möglich ist, dass sie sich über die Verbindung zur Familie Schneeli kennenlernten. Mit ihrem Mann war Geneviève Barbey-Ador ins «Schneeligut» oberhalb des Mythenquais gezogen.[23] Diese Villa an der Seestrasse war im Besitz der Familie Schneeli und wurde auch von ihr bewohnt. Luise Rudolph-Schneeli, die Schwester des Erbauers Meinrad Schneeli, war die zukünftige Schwiegermutter von Emmy Schwarzenbach.[24] Helena Schneeli-Schweizer, die Frau von Meinrad Schneelis Sohn Max, war bereits im Gründungsjahr 1893 eine Ameise in der von Emmy Schwarzenbach geführten Gruppe.[25]

Geneviève Barbey-Ador und Emmy Schwarzenbach waren ein tüchtiges Gespann; innerhalb von zwei Jahren wuchs der Verein auf über 140 Ameisen an.[26] Die Gründerin und erste Präsidentin der Zürcher Ameisen verliess Zürich 1895.[27] Nach ihrem Wegzug blieb sie der Zürcher Sektion bis 1910 als Ameise treu.

Die Zeit, in der die Ameisen ihr Werk begannen

Wandel in Gesellschaft und Wirtschaft

Das 19. Jahrhundert war eine Zeit tiefgreifender gesellschaftlicher und wirtschaftlicher Veränderungen. In nur wenigen Generationen wandelte sich die Bauerngesellschaft des 18. Jahrhunderts zur Industriegesellschaft des 19. Jahrhunderts. Das Zeitalter der Industrialisierung brachte einen enormen wirtschaftlichen Aufschwung. Zürich, Basel und Genf etablierten sich als Wirtschaftszentren. In diesen Ballungsgebieten entstanden zwischen 1850 und 1911 mehr als eine halbe Million Arbeitsplätze in der Textil-, Maschinen- und Uhrenindustrie sowie in der chemischen und Nahrungsmittelindustrie. Die gewaltige industrielle Entwicklung bedurfte immenser Geldmittel; auch Banken und Versicherungen zählten daher zu den Nutzniessern der Industrialisierung.[28]

Profitieren von dieser Prosperität konnten aber längst nicht alle. Für viele Menschen in der Schweiz war das 19. Jahrhundert eine schwierige Zeit, geprägt von Armut, schlechten Arbeitsaussichten und Hunger. Düstere Perspektiven trieben insbesondere in der zweiten Hälfte des 19. Jahrhunderts über 300 000 Schweizerinnen und Schweizer zur Auswanderung.[29] Insgesamt nahm die Bevölkerung der Schweiz jedoch stark zu. In der Zeitspanne zwischen der Bundesstaatsgründung 1848 und der Jahrhundertwende stieg die Einwohnerzahl von 2,4 auf 3,3 Millionen.[30]

Von prekären Lebensumständen mit am häufigsten betroffen war der Bauernstand. Viele Bauern konnten ihren Lebensunterhalt mit der herkömmlichen Subsistenzwirtschaft nicht mehr sichern. Sie zogen vom Land in die Stadt und versprachen sich davon ein zuverlässigeres Einkommen. In ihren Herkunftsgemeinden fehlten sie in der Folge als finanzielle Stützen. Immer häufiger konnten deshalb von Armut und Not betroffene Menschen in bäuerlichen Dörfern nicht mehr von ihren Familien und der Dorfgemeinschaft unterstützt werden.

So geschah es auch in mancher Gemeinde des Zürcher Oberlands. Diese Region war im 18. Jahrhundert eines der «am stärksten heimindustrialisierten» Gebiete Europas. «Die rasch wachsende Bevölkerung dieser Berggegend mit kärglicher Landwirtschaft lebte im wesentlichen von der Heimindustrie, vom Spinnen und Weben für Handelsherren der Stadt Zürich. Die Textilproduktion schuf deshalb nicht nur für einzelne Heimarbeiterfamilien, sondern für mehr als die Hälfte der Bevölkerung existenzielle Probleme.»[31] Von den 12 000 Baumwollwebstühlen, die 1827 im Kanton Zürich betrieben wurden, standen zwei Drittel im Zürcher Oberland. In den folgenden Jahrzehnten übernahmen mehr und mehr mechanische Webstühle die zuvor händisch verrichtete Arbeit. Weil für den Antrieb dieser Maschinen Wasserkraft nötig war, siedelten sich die Fabriken an Flüssen in den Tälern an.[32]

Von den höher gelegenen Gemeinden des Tösstals zählten Fischenthal, Sternenberg, Wildberg und der Weiler Sitzberg in der Gemeinde Turbenthal wegen fehlender Verdienstmöglichkeiten seit dem Aufkommen der mechanischen Weberei zu den ärmsten Orten im Kanton. Die Pfarreiämter dieser Ortschaften zählten daher zu den ersten Spendenempfängern der Zürcher Ameisen und erfuhren jahrzehntelang deren Unterstützung.[33]

Besonders betroffen von instabilen Lebensverhältnissen und finanzieller Not waren zudem Frauen aus der Unterschicht. Die Industrialisierung verlangte nach grösserer räumlicher Mobilität, was Ursache dafür war, dass grosse Teile häuslicher Produktionsgemeinschaften sich auflösten. In diesen Gemeinschaften waren die Frauen zuvor sowohl in den Haushalt wie auch in die wirtschaftliche Erwerbstätigkeit des Familienverbunds integriert.[34] Dieses Eingebundensein in die Grossfamilie entfiel durch den Wegzug und bedeutete für die Frauen, dass sie den direkten Schutz durch ihre Familien verloren. Anstellungen fanden die meist jungen Frauen in den Städten, wo sie als Dienstmädchen in bürgerlichen Haushalten arbeiteten oder in Fabriken, wo sie als Arbeitskräfte begehrt waren. Einerseits, weil sie fügsamer waren als männliche Arbeitnehmer, andererseits, weil sie sich mit tieferen Löhnen begnügen mussten.[35]

Soziale Fürsorge in der Schweiz im 19. Jahrhundert

Im noch jungen liberalen Staat war die öffentliche Armenfürsorge eigentlich gut organisiert. Die Gemeinde und die Kirche sollten für die Armen sorgen. Die Probleme waren jedoch so gewaltig, dass die Bürger damit überfordert waren. Zudem erkannten sie die Ursachen nicht und gingen von anderen sozialen Wertvorstellungen aus. Die Ursache von Armut wurde noch zu Beginn des 19. Jahrhunderts meist in fehlender Moral gesehen, insbesondere bei arbeitsfähigen Armen. Arbeitslosigkeit galt deshalb als eigenes Verschulden. Nicht zuletzt war auch der

Wille der Bürger begrenzt, die finanziellen Lasten zu tragen. Die Wirtschaftskrise der 1870er-Jahre hatte zwar den Blickwinkel verändert und die Mehrheit meinte, der Staat müsse zugunsten der sozial Benachteiligten eingreifen. Unklar blieb allerdings, welche Massnahmen der Staat treffen sollte.[36]

Es waren vorwiegend Vertreter der angesehenen grossbürgerlichen Familien, Angehörige der akademischen und freien Berufe sowie Unternehmer, welche die Unterstützung und gleichzeitige Disziplinierung der unterbürgerlichen Schichten initiierten, organisierten und finanzierten. In erster Linie waren es somit private Organisationen, die sich zu jener Zeit um sozial Schwächere kümmerten. Der Staat beschränkte sich vorwiegend auf die Anerkennung des bürgerlichen Engagements und gewährte Subventionen. Das Bürgertum und seine politischen Organisationen hatten daher um die Jahrhundertwende eine staatstragende Funktion, obschon diese Schicht um 1900 lediglich sechs Prozent der Bevölkerung ausmachte. Bürgerliche Werte und Normen, die sich an der protestantischen Ethik orientierten, gelangten mehr und mehr in die Gesellschaft und beschleunigten die Verbürgerlichung der Gesellschaft.[37]

Vor allem im letzten Drittel des Jahrhunderts entstanden jedoch nicht nur unter privater, sondern auch unter der Initiative von Gemeinden und Kantonen Heime und Anstalten zu verschiedensten Zwecken.

Die privaten Organisationen formierten sich hauptsächlich als Vereine. Wohltätigkeit gegenüber Armen und Kranken war seit jeher ein Bereich, den die Gesellschaft der Kirche und dem weiblichen Geschlecht überantwortete. Vereine, in denen sich Frauen betätigten, lassen sich ab der zweiten Hälfte des 19. Jahrhunderts beinahe ausnahmslos den Kategorien «wohltätig», «gemeinnützig», «religiös» und «Bildungsanstalt» zuordnen, wie ein Vergleich aus Basel zwischen 1854 und 1918 zeigt (im Adressbuch der Stadt Basel erscheint auch der Verein Schweizer Ameisen regelmässig unter den aufgeführten Frauenvereinen).[38] Dies waren die Felder, welche die Männer der liberalen Stände den Frauen zuwiesen; die Rolle der Frau war fest verankert im sozialen Bereich.[39]

Weil das Armenwesen um die Jahrhundertwende reformbedürftig war, verfassten der Mönchaltorfer Pfarrer Albert Wild und der Zürcher Armensekretär Dr. Carl Alfred Schmid aufgrund ihrer langjährigen Erfahrung ein «Vademecum für Armenpfleger». In alphabetischer Reihenfolge werden die unterschiedlichsten Aspekte erörtert und Ratschläge erteilt. Unter dem Titel «Kleider» etwa wird notiert: «Unterstützung mit Kleidern hat so zu geschehen, dass man gemachte Kleider abgibt oder abgeben lässt (durch Anweisungen, Gutscheine damit nicht etwa mit den Kleiderstoffen Missbrauch betrieben wird). [...] Voranzugehen hat stets die Feststellung des wirklich vorhandenen Bedürfnisses. [...] Die Sorge für Kleider kann auch den freiwilligen Hülfsorganisationen überlassen und so gegenseitige Fühlung hergestellt werden.»[40] Eine solche freiwillige Hilfsorganisation war auch der Verein Schweizer Ameisen mit seinen Sektionen in mehreren Orten der Deutsch- und Westschweiz. Zwischen den Ameisen und den Empfängern ihrer Textilspenden bestand jedoch kaum «gegenseitige Fühlung», denn die Textilien gelangten über die Vermittlung von Pfarrämtern, Diakonissinnen oder Gemeindepflegerinnen zu den Bedürftigen. In einer Erhebung der Schweizerischen Gemeinnützigen Gesellschaft für das Jahr 1901 werden für den Kanton Zürich 580 Institutionen aufgelistet, gegliedert in Fürsorgestellen für Jugendlich bis 16 Jahre und solche für Erwachsene. Dass die Zürcher Sektion des Vereins Schweizer Ameisen darin nicht aufgeführt ist, erstaunt nicht.[41] Der Verein engagiert sich bewusst im Hintergrund und betreibt keine feste Einrichtung für arme oder kranke Menschen.

Zur Rolle der bürgerlichen Frau des 19. Jahrhunderts in Haus und Verein

Lisette Altwegg-Weber schreibt 1880 in ihrem Buch «Die kluge und einsichtige Schweizerin vom bürgerlichen Stande»: «Die Frauen untergraben oder stützen das ganze Haus, ordnen alle häuslichen Angelegenheiten und entscheiden über das, was die Menschheit am nächsten berührt; daher kommt es, dass sie vor Allen an der Gestaltung der Sitte, sie sei löblich oder tadelhaft, den meisten Antheil haben. Eine verständige, fleissige und gottesfürchtige Frau ist die Seele des Hauses, sie schafft darin Wohlstand und Wohlbehagen. Der Mann, und wenn er noch so viel Ansehen nach Aussen hätte, kann hier durch Rath und Einsicht nichts zu Stande bringen, wenn die Frau ihn bei der Ausführung nicht unterstützt.»[42]

Der erklärte Zuständigkeitsbereich der Frau war damals das Haus. Dort beginnt auch die Geschichte der Frauenvereine. Ein wichtiges Haus ist dasjenige des protestantischen Pfarrers. In seiner Gemeinde war er zusätzlich zu seinen kirchlichen und seelsorgerischen Aufgaben lange Zeit auch verantwortlich für die Armenpflege und das Schulwesen. Wichtig ist ebenso das Haus des wohlhabenden Unternehmers. Seine Frau unterstreicht durch ihre Arbeit in wohltätigen Institutionen den gesellschaftlichen Status der Familie. «Als Pfarrfrau oder Wohltäterin wurde die verheiratete Frau ihrer Rolle als Stütze des Ehemannes gerecht.»[43] In jener Zeit entwickelte sich das Ideal vom Mann als Ernährer draussen und der Frau als Hausfrau und Mutter drinnen. Berufstätig ausser Haus waren in der Regel nur ledige Frauen. Das steigende Einkommen bürgerlicher Männer sicherte die Existenz der ganzen Familie; die Arbeitswelt gliederte sich in die zwei Bereiche Hausarbeit und Erwerbsarbeit ausser Haus.

Die Mädchenbildung war nebst der Betätigung in wohltätigen oder gemeinnützigen Organisationen ein weiteres Betätigungsfeld für Frauenvereine. Der bürgerliche Grundgedanke, dass Armut durch Erziehung zu bekämpfen sei, liess sich so rasch in den ländlichen Mittelschichten verbreiten. Damit übernehmen «bürgerliche Frauen Kontrollfunktionen über den Lebenswandel der Unterschichten und halten sie namentlich zu Keuschheit und der Verringerung von Geburten an».[44] Hervorzuheben sind hier die ab 1875 in der Westschweiz gebildeten Sittlichkeitsvereine. 1887 schlossen sich in Zürich Mitglieder aus verschiedenen Wohltätigkeitsorganisationen zusammen und gründeten den Zürcher Frauenbund zur Hebung der Sittlichkeit, heute Evangelischer Frauenbund Zürich.[45] Das vom Frauenbund eingerichtete Vorasyl Pilgerbrunnen im Arbeiterquartier Aussersihl zur Aufnahme von «gefährdeten und entgleisten Mädchen» wurde von den Zürcher Ameisen seit Bestehen der Sektion unterstützt.[46] Vizepräsidentin und während vieler Jahre Vereinsmitglied des Zürcher Frauenbunds war Nelly Mousson-Rahn, die Frau des Pfarrers Heinrich Mousson.[47] Noch unverheiratet war sie von 1893 bis 1894 Mitglied bei den Zürcher Ameisen.

In der Familie oblag die Erziehung von Mädchen der Mutter. Zu den höchsten Tugenden bürgerlicher Mädchen gehörten Fleiss und Sittsamkeit. Sie hatten zu lernen, ihren Körper zu beherrschen und sollten «eine starke Fähigkeit zur Triebabwehr entwickeln». Um dies zu erreichen, kam das Handarbeiten als pädagogische Massnahme zur Mädchenbildung hinzu. Faulheit galt als schlimmste aller Sünden. In der Erziehung bürgerlicher Mädchen zu «Arbeitsamkeit, Thätigkeit und Betriebsamkeit» waren Handarbeiten ein bewährtes Mittel. Doch die Beschäftigung mit Strick-, Stick- und Nähnadel diente nicht allein der Disziplin, sondern hatte auch eine soziale Funktion: Mädchen und Frauen aus dem Bürgertum konnten damit, wie oben erwähnt, den von ihnen erwarteten Fleiss und ihre Klassenzugehörigkeit demonstrieren.[48]

Abb. 9: Sophie Luise Schindler-Escher und ihre Töchter Sophie, Clara und Silva verbringen Mussestunden mit Handarbeiten und Lesen, Neuhausen SH, um 1915.

Welches war nun die vorrangige Motivation zur Gründung des Vereins Schweizer Ameisen? Den jungen Mädchen aus dem gehobenen Bürgertum mit Handarbeiten für Bedürftige christliche Nächstenliebe zu lehren oder doch eher sie anzuleiten, sittsam und fleissig zu sein, wie es sich ihrem Stand ziemte? Es gibt kein Entweder-oder; der Verein verankerte beide Absichten statutarisch. Erinnern wir uns an den Vereinszweck: «Der Verein der Ameisen ladet die jungen Mädchen zur gemeinsamen Arbeit in einem Liebeswerk ein, die Armen zu kleiden.» Und weiter: «Die Ameisen arbeiten *zu Hause* in ihren Mussestunden.»[49] Kurz und bündig wurde damit das Vereinsprogramm beschrieben. Teil davon ist sowohl das Gebot der christlichen Caritas als auch das Hereinwachsen der Mädchen und jungen Frauen in die bürgerliche Tugendhaftigkeit.

Zürcher Ameisenköniginnen

Die Zürcher Ameisen, gut situierte Damen aus dem gehobenen Zürcher Bürgertum, plagten keine materiellen Sorgen. Sie waren Töchter und Ehefrauen von Männern, denen die Industrialisierung Reichtum brachte, oder stammten aus Familien, die seit langem wichtige Ämter ausübten. Die ihnen zugedachte Rolle war die einer fleissigen, Sitte und Anstand wahrenden Frau, die dem Haus vorsteht. Ihre gesellschaftliche Stellung konnte sie unterstreichen, indem sie karitative Aufgaben übernahm – beispielsweise als Mitglied im Verein Schweizer Ameisen.

Gutes tun durch Handarbeiten und die Freizeit sinnvoll verbringen: Dazu wollte der Verein Schweizer Ameisen vor allem junge Mädchen anregen. Durch weibliche Verwandte wurden sie Mitglied – so geschah es 1893 und so geschieht es noch heute. Bei den «Ameisen» dabei zu sein, entwickelte sich zur Tradition. Ein Blick auf die Familiennamen in den Mitgliederverzeichnissen zeigt, dass sich diese bis heute fortsetzt.

In geselliger Runde fiel die Beschäftigung mit Strick- oder Nähzeug bestimmt mancher Ameise leichter. Mit Mutter, Schwestern, Grossmüttern oder Freundinnen sass man beisammen und fertigte Taschentücher, «Waschplätze», Babykleider usw. Häufig las eine der Frauen während solcher Handarbeitskränzchen vor.

In acht Portraits richten wir den Blick auf Frauen, die viele Jahre im Verein Schweizer Ameisen Sektion Zürich wirkten. Sie stehen auch exemplarisch für alle Frauen, die sich in der langen Vereinsgeschichte der Ameisensache verschrieben haben. Einige der porträtierten Frauen waren «Ameisen der ersten Stunde», andere kamen in den ersten Jahrzehnten nach der Gründung zu den Zürcher Ameisen.[50] Denise Jagmetti-de Reynier, die seit über 80 Jahren im Verein ist, berichtet in einem Interview aus ihrer Zeit als Vereinspräsidentin von 1977 bis 1990.

Emmy Rudolph-Schwarzenbach (1873–1970)
Ameise 1893–1970, Sammlerin 1893–1943

Von Emmy Rudolph-Schwarzenbachs Pionierarbeit und Mitgliedschaft bei den Zürcher Ameisen wissen wahrscheinlich nur wenige. Weit bekannter ist ihr Engagement für die Frauenzentrale Zürich, zu deren Gründerinnen sie 1914 zählte. Kurz nach Ausbruch des Ersten

Weltkriegs kamen in Zürich Frauen verschiedenster Frauenorganisationen zusammen, um die Zentralstelle Frauenhilfe zu gründen. Ziel war, «sich aktiv an der Bewältigung der Kriegsfolgen zu beteiligen und die Tätigkeiten über die Zentralstelle Frauenhilfe zu koordinieren». Bis 1932 wirkte Emmy Rudolph-Schwarzenbach im Vorstand der Frauenzentrale Zürich mit. Zudem war sie zwischen 1910 und 1916 im Vorstand des 1900 gegründeten Bundes Schweizerischer Frauenvereine (BSF), heute alliance F.[51]

Emmy Rudolph-Schwarzenbach entstammte der Thalwiler Seidenindustriellenfamilie Schwarzenbach. Ihr Vater dehnte die Geschäfte nach Europa und in die USA aus. Damit schuf er die Grundlage für den wirtschaftlichen Erfolg der Firma, die nach dem Ersten Weltkrieg das weltweit grösste Seidenindustrieunternehmen war. 1896 heiratete Emmy Schwarzenbach den Kaufmann Eduard Rudolph.

Während 50 Jahren, bis 1943, stand Emmy Rudolph-Schwarzenbach der Gruppe 1 als Sammlerin vor. 1932, sechs Jahre nach dem Tod ihres Mannes, zog sie nach Florenz. Wenige Jahre später übersiedelte sie aufgrund der politischen Situation in Italien ins Tessin.[52] Womöglich übernahm nach 1932 ihre Schwägerin Helene Rudolph oder ihre Tochter Lotti (Elisabeth) das jährliche Einsammeln und Abliefern der Textilien an der Zentralsammelstelle. Lotti Rüedi-Rudolph trat den Ameisen 1935 als Sammlerin bei und übernahm die Gruppe, die zuvor von ihrer Tante Helene Rudolph geführt worden war. Beide Frauen führten den Verein während vieler Jahre: Helene Rudolph von 1904 bis 1933, Lotti Rüedi-Rudolph von 1962 bis 1976. Auch die jüngere Tochter von Emmy Rudolph-Schwarzenbach, Magdalena Hutton-Rudolph, war ab 1944 während vier Jahrzehnten bei den Zürcher Ameisen. Weitere Ameisen aus der Familie Schwarzenbach waren Renée Schwarzenbach-Wille sowie deren beide Töchter Suzanne Amalie und Annemarie. Die bekannte Schriftstellerin und Journalistin wie auch ihre Schwester waren als junge Frauen während einiger Jahre Vereinsmitglieder.[53]

Eine Ameise aus dem Gründungsjahr und spätere Sammlerin war ausserdem Olga Reinhart-Schwarzenbach, die Schwester von Emmy Rudolph-Schwarzenbach. 1904 heiratete sie den Kaufmann und Kunstsammler Georg Reinhart aus Winterthur, dessen Familie das Handelshaus Gebrüder Volkart gehörte.[54] Olga Reinhart-Schwarzenbach war vermutlich die Gründerin der Sektion Winterthur im Jahr 1918. Gemeinsam mit Gertrud Kaufmann-Achtnich unterzeichnete sie den Bericht der Winterthurer Ameisen aus dem Jahr 1938.[55]

Abb. 10: Zwanzigster Hochzeitstag von Emmy und Eduard Rudolph (1916), Villa Asphof, Zürich-Enge (von links): Georg Reinhart, Frl. Rudolph, Emmy Rudolph-Schwarzenbach, ihre Söhne Edwin und Karl sowie ihre Töchter Elisabeth und Magdalena, Elsy Schwarzenbach, Alfred Schwarzenbach, Eduard Rudolph.

Mathilde Vogel (1862–1946)
Sammlerin 1893–1946, Vorstandsmitglied 1895–1946

Mathilde Vogel wurde in der Villa Ehrenberg geboren, die seit 1923 im Besitz des Lyceum Clubs Zürich ist.[56] Ihre Kindheit verbrachte sie mit drei Geschwistern unweit von dort im Haus zum Rechberg am Hirschengraben. Ihr Vater David Vogel, Jurist und alt Staatsschreiber, hatte den vornehmen Barockbau 1865 erworben. Als er 1891 starb, wohnten Mathilde Vogel und ihre Mutter noch für acht Jahre im Rechberg. 1899 zogen die beiden Frauen in eine Villa am Parkring. Zuvor hatte die Stadt ein grösseres Bauvorhaben abgelehnt, das Elise Vogel-Hotz auf dem Rechbergareal realisieren wollte.[57]

    Susette Zoelly-Kindhauser weiss über ihre Urgrosstante Mathilde Vogel, dass diese oft Gobelins stickte und Kreuzsticharbeiten machte. Wie ihr Vater, besass auch sie eine ausgeprägte musische Seite. Sie beherrschte das Klavierspiel und soll eine Gesangsausbildung genossen haben. Eine sehr gütige, bescheidene Frau sei sie gewesen. Wie ihre beiden Schwestern wollte auch Mathilde Vogel heiraten. Ihre Verlobung musste aber wieder gelöst werden, weil der Bräutigam psychisch schwer erkrankte. Dieses Schicksal habe sie noch lange geschmerzt. Durch einen Unfall in jungen Jahren, verursacht von einem unachtsamen Kutscher, erlitt sie einen Gehörschaden. Dieses Leiden, zusammen mit der vererbten Schwerhörigkeit, beeinträchtigte sie mit den Jahren so stark, dass sie nur noch schriftlich kommunizieren konnte und sich immer mehr zurückzog. Eng befreundet sei die Familie von David Vogel mit der Familie Rordorf gewesen, die unweit des Rechbergs an der Leonhardshalde wohnte.[58]

Aus der Ansprache des Pfarrers bei der Bestattung von Mathilde Vogel ist weiterhin über sie zu erfahren: «Freilich, ihre Freundschaft beschränkte sich nicht bloss auf das fröhliche Beisammensein und den Austausch schöner Erinnerungen, sondern sie hat stets auch innigsten Anteil am Ergehen ihrer Freundinnen und deren Familien genommen und half mit der stillen Selbstverständlichkeit eines gütigen Menschen, wo es nottat. Mit rührender Treue hat sie zum Beispiel für das erkrankte Dienstmädchen einer verstorbenen Freundin gesorgt. Und so sind noch viele, viele Menschen, denen sie in aller Stille ihre Hilfe angedeihen liess. Was hat sie nur alles für den Ameisenverein getan, dem sie seit seiner Gründung angehörte! Fünfzig Jahre lang war sie Sammlerin und viele Jahre im Vorstand. Die ganze Sammlung kam jeweilen in ihrem Hause zusammen; bei ihr wurden die Versammlungen abgehalten und die Gaben verteilt, und sie spedierte diese auf ihre Kosten. Dieses Werk der Nächstenliebe war ihr eine rechte Herzenssache. […] Als im Jahre 1907 ihre Mutter starb, hat sie die Aufgabe übernommen, die grosse Familie zusammenzuhalten. Bei ihr war das Absteigequartier für die auswärtigen Familienmitglieder und Freunde, bei ihr der Ort, wo sich so Manche fanden, die sich sonst aus den Augen verloren hätten. Ihr Heim trug den Stempel ihrer klugen und künstlerisch aufgeschlossenen Art.»[59]

Abb. 11: Die Familie Vogel-Hotz um 1885. Hinten: Susanne Naumann-Vogel mit Ehemann; vorne: Sophie Vogel, Tochter des Ehepaars Naumann-Vogel, Elise Vogel-Hotz, Sohn des Ehepaars Naumann-Vogel, David Vogel, Arnold Vogel, Mathilde Vogel.

Abb. 12: Haus zum Rechberg, 1883. Mathilde Vogels Vater David Arnold Vogel kaufte das 1770 fertiggestellte Palais 1865 von Gustav Anton von Schulthess. Dessen Vater Adolf Friedrich und Onkel Carl Gustav übernahmen das damalige «Haus zur Krone» 1839 von der Familie Oeri. Der Name «Rechberg» geht auf das Elternhaus der Gebrüder von Schulthess am Neumarkt zurück.

Gertrud Mousson (1869–1966)
Ameise 1893–1963, Sammlerin 1901–1955,
Vorstandsmitglied 1903–1955, Präsidentin 1935–1943

Gertrud Mousson war die Tochter des Industriellen und Bankiers Heinrich Mousson und Anna von May. Sie hatte vier Geschwister, den Bruder Heinrich und die drei Schwestern Helene, Mathilde und Annemarie.[60] Im Bürgeretat der Stadt Zürich von 1892 ist nachzulesen, dass sie mit ihrer Familie im Talacker 34 wohnte. Die älteste Schwester Annemarie lebte mit ihrem Mann, einem Bankier und Nachkommen der im Leinwandhandel reich gewordenen Familie Zellweger aus dem Appenzellerland, in Paris.[61] Ihr Bruder Heinrich war Anwalt. Ab 1898 bekleidete er als Freisinniger verschiedene politische Ämter, zuerst im Zürcher Stadtrat, später im Kantons- und Regierungsrat.[62] Nach ihrem Grossonkel Albert Mousson, Physikprofessor an der ETH, ist die Moussonstrasse im Quartier Fluntern benannt.

Gertrud Mousson und ihre Schwestern Mathilde und Helene sowie ihre damals noch unverheiratete Schwägerin Elsie Mousson-Rüegg traten den Zürcher Ameisen im Gründungsjahr 1893 bei. So auch Nelly Mousson-Rahn, die Frau ihres Cousins Heinrich, der Pfarrer in Zürich war.[63] Während acht Jahren, zwischen 1935 und 1943, präsidierte Gertrud Mousson die Zürcher Ameisen. Von 1903 bis mindestens 1955 war sie im Vereinsvorstand und führte als Sammlerin eine Gruppe während mehr als 50 Jahren. 1963 verliess sie den Verein nach über 70 Jahren Mitgliedschaft.

Von 1914 bis 1937 arbeitete Gertrud Mousson im Vorstand der Frauenzentrale Zürich mit. 1955 wurde sie für ihr Engagement zum Ehrenmitglied ernannt, gleichzeitig mit Emmy Rudolph-Schwarzenbach.[64] Von 1934 bis 1940 leitete Gertrud Mousson als Teil eines dreiköpfigen Gremiums die Geschicke der Frauenzentrale Zürich.[65] Auch im Vorstand der Sozialen Frauenschule Zürich war Gertrud Mousson tätig, gemeinsam mit Maria Fierz, die von 1917 bis 1934 Präsidentin der Frauenzentrale Zürich war. Deren Lebensgefährtin Marta von Meyenburg war die erste Leiterin dieser Schule – und von 1901 bis 1908 eine Ameise.[66]

Abb. 13: «Vereinli»: Marie Schläpfer-Stockar (ganz links) mit ihren Freundinnen von der Grebel-Schule.

Marie Schläpfer-Stockar (1874–1951)
Ameise und Sammlerin 1893–1951

Marie Schläpfer-Stockar wuchs zusammen mit zwei Schwestern und zwei Brüdern auf. In den Wintermonaten wohnte die Familie im Wollenhof[67] an der Talstrasse, im Sommer zog man ins Kapellengüetli in Wollishofen. «Als Tochter eines alten Zürcher Geschlechts wuchs sie in den wertvollen Traditionen ihres Elternhauses auf, in dem man nach alten, guten Grundsätzen das Leben gestaltete. Der Vater, eine eher stille, wortkarge, aber feine Richterpersönlichkeit, ging den Weg der strengen Sachlichkeit und Gerechtigkeit. Die Mutter, eine sehr aktive Natur, betätigte sich mannigfaltig auch ausserhalb des Hauses. Trotzdem lag ihr vor allem die sorgfältige Erziehung ihrer Kinder am Herzen. Die Lebensart der Mutter, voller Gütigkeit gegen andere und streng mit sich selber, hat sich der Tochter tief eingeprägt.» In der Grebel-Schule,[68] die Marie Schläpfer-Stockar anschliessend an die Freie Schule besuchte, schloss sie «mit vielen ihrer Gespielinnen treue Freundschaft fürs ganze Leben [...].

Noch bis ins hohe Alter kamen die Freundinnen regelmässig alle vierzehn Tage zum ‹Vereinli› zusammen.»

Nach der Schule verbrachte Marie Schläpfer-Stockar ein Jahr in einem Pensionat in Lausanne. Wieder daheim unterstützte sie ihre Mutter in den häuslichen Pflichten. In diese Jahre fällt auch ihr Aufenthalt in der Haushaltungsschule Heinrichsbad in Herisau.[69] 1898 heiratete Marie Stockar den Bankier Georg Schläpfer, der von 1917 bis 1922 Direktor der Schweizerischen Kohlenzentrale in Basel war. Ihre Kinder erzog sie «liebevoll im christlichen Glauben [...]. Auch ihre gemeinnützige Arbeit, der sie mit grossem Interesse oblag, war ein Beweis für ihre starke religiöse Überzeugung. Sie war schon als junges Mädchen als Sonntagsschullehrerin tätig, wirkte später während vieler Jahre im Komitee und Vorstand der Freien Evangelischen Volksschule Zürich, welche alle ihre Kinder besuchten, und war Mitglied des Vereins für zerstreut lebende Protestanten. Als Präsidentin der Kellerschen Anstalt für schwachbegabte Mädchen in Goldbach widmete sie diesen Ärmsten viel Zeit und Kraft.»[70]

Emy Stehli-Zweifel (1873–1949)
Ameise 1894–1944, Sammlerin 1895–1935

Emy Stehli-Zweifel verbrachte Kindheit und Jugend in London, wo sie 1873 geboren wurde. Ihr Vater Henry Zweifel aus Höngg war während Jahren in England tätig. Als Baumwoll- und Seidenhändler brachte er es dort zu einem beträchtlichen Vermögen. Mitte der 1880er-Jahre zog die Familie nach Zürich-Enge und wohnte in einer Villa an der Bellariastrasse 23, die Henry Zweifel erbauen liess und die dort heute noch steht. Ihren leicht britischen Akzent soll Emy Stehli-Zweifel auch nach Jahrzehnten in der Schweiz nicht verloren haben.

1892 heiratete Emy Zweifel in Zürich Robert Stehli, den älteren der beiden Söhne des Seidenindustriellen Emil Stehli-Hirt.[71] Zur Hochzeitsfeier waren auch Frauen geladen, die im darauffolgenden Jahr als Ameisen rekrutiert wurden, so Marie Bodmer, Alice Reinhart, Margaretha Frölicher-Stehli, Dora, Marie und Marguerite Zweifel sowie Martha Sigg. Auch Emmy Schwarzenbach war Gast bei der Hochzeit, genauso wie ihr zukünftiger Ehemann Eduard Rudolph.[72]

Abb. 14: Emy Stehli-Zweifel (links) mit ihrer Mutter Emilie Zweifel-Wild, ihrer Tochter Margrit (Margi) Luise Staehelin-Stehli und ihrem Enkel Willy Robert Staehelin (später verheiratet mit Marina Peyer), 1918.»

Emy Stehli-Zweifel war Mutter von sechs Kindern, vier Mädchen und zwei Knaben. Die Familie wohnte in einer Villa mit Parkumschwung am Seefeldquai. Heute befindet sich dort das Elektrowatt-Gebäude.[73] Unweit davon, an der Mittelstrasse, wohnte seit 1888 die Familie ihres Schwagers Max Frölicher-Stehli in der Villa Riesmatt.[74] Das Ehepaar Frölicher-Stehli und ihre Tochter Hedwig zählten 1912 zu den Überlebenden der Titanic-Schiffskatastrophe. Sie hatten die Überfahrt von Cherbourg nach New York gebucht, weil Max Frölicher-Stehli als Teilhaber der Firma Stehli & Co. im Frühjahr 1912 die Firmenniederlassungen in den USA besuchen wollte.[75]

1897 eröffnete Robert Stehli-Zweifel im Bundesstaat Pennsylvania eine der grössten Webereien der Vereinigten Staaten, deren Leitung 1899 sein Bruder Emil J. Stehli übernahm.[76] Bevor in den 1930er-Jahren auch Stehli & Co. hart von der Wirtschaftskrise getroffen wurde, betrieb die Firma 1920 in Nordamerika zwei Seidenwebereien mit 1800 Webstühlen und drei Zwirnereien. Auch in Italien und Deutschland unterhielt Stehli & Co. Fabrikationsbetriebe.[77]

Martin Stehli, ein Enkel von Emy Stehli-Zweifel, weiss über seine Grossmutter, dass sie eine liebenswerte, zurückhaltende Frau war. «Quite british» soll ihre Art gewesen sein.[78] Sie kam als jung verheiratete Frau im Gründungsjahr der Zürcher Sektion zum Verein Schweizer Ameisen. 1895 übernahm sie als Sammlerin die Leitung einer Gruppe. Ameisen in jener Gruppe waren unter anderen ihre Schwägerin Margaretha Frölicher-Stehli, ihre zwei ledigen Schwestern Dora und Maria Zweifel und Martha Sigg. Den Ameisen blieb Emy Stehli-Zweifel bis mindestens 1944 treu, als Sammlerin wirkte sie bis mindestens 1935. Im Mitgliederverzeichnis von 1944 wird ihre Schwiegertochter Mädi Stehli-Pestalozzi als nachfolgende Sammlerin angeführt. In dieser Gruppe waren auch zwei Töchter von Emy Stehli-Zweifel, Margrit Staehelin-Stehli und Charlotte Rutishauser-Stehli.

Marguerite Paur-Ulrich (1887–1968)
Ameise ab 1895, Vorstandsmitglied 1920–1936, Sammlerin 1922–1963

Gemeinsam mit ihrer Mutter Mathilde Ulrich-Schulthess kam Marguerite Ulrich 1895 als achtjähriges Mädchen zu den Ameisen.

Ihre Tante Anna Ulrich und ihre Schwägerin Helene Paur sind seit dem Gründungsjahr dabei. Ihre Schwägerinnen Helene und Emma Paur waren ab 1895 während einiger Jahre Sammlerinnen. Deren Schwester Anna Paur bekleidete von 1896 bis zu ihrem Wegzug aus Zürich 1903 das Präsidentinnenamt.

Ihre Cousine Hedwig Ulrich trat dem Verein 1906 bei. Selbstverständlich waren auch die beiden Töchter von Marguerite Paur-Ulrich, Annemarie Paur und Marguerite Gasser-Paur, Vereinsmitglieder. Beide finden sich ab 1923 in den Mitgliederverzeichnissen. Die jüngere Tochter Marguerite blieb dem Verein während mehr als 75 Jahren treu, noch 1999 ist sie eine Ameise. Ihre Schwiegertochter Margret Paur-Herzog kam 1956 zu den Ameisen und war ab den 1970er-Jahren für mehr als zwanzig Jahre Sammlerin.

Abb. 15–17: Die Schwestern Anna Paur, Emma Paur und Helene de Quervain-Paur.

Interview mit Monika Beckedorf-Gasser, Enkelin von Marguerite Paur-Ulrich

Wussten Sie, dass Ihre Grossmutter eine eifrige Ameise war?
Natürlich wusste ich das! Es entsprach ihrer persönlichen Bescheidenheit und tiefen Überzeugung, dass Wohlstand nicht eigenes Verdienst ist, sondern Verpflichtung gegenüber Menschen beinhaltet, denen es weniger gut geht.

Ihre Grossmutter war nicht nur im Vorstand des Vereins und als Sammlerin aktiv, sie verfasste auch die in schönen Worten geschriebenen und flüssig zu lesenden Berichte über die Vereinstätigkeit zwischen 1932 und 1955. Wie ein Blick auf den Stammbaum zeigt, gab es aber noch weitere Frauen in ihrer Familie mit grossem Schreibtalent.[79]
Die Grosstante meiner Grossmutter war Johanna Spyri. Schon deren Mutter Meta Heusser wirkte als Schriftstellerin und war eine angesehene «christliche» Dichterin in der zweiten Hälfte des 19. Jahrhunderts. Ebenso betätigte sich die Tante meiner Grossmutter, Anna Ulrich, schriftstellerisch. Und dann war auch unsere Grossmutter selbst eine begabte Autorin. Aus ihrer Feder stammen mehrere Kinderbücher, eine Biographie über Johanna Spyri, ein Bildband über Zürich samt Prosa und Gedichten sowie ein Märchen.

Abb. 18: Marguerite Ulrich als Kind mit kecker Bubikopffrisur.

Abb. 19: Marguerite Paur-Ulrich, um 1950. Sie betätigte sich selbst schriftstellerisch und unterstützte mit ihrer Mitgliedschaft im Lyceum Club Zürich auch junge Schriftstellerinnen. 1937–1959 war sie dessen zweite Präsidentin.

Zu ihrem Kinderbuch «Tzigaga, das Wollschaf» wurde unsere Grossmutter inspiriert durch meinen Widerwillen gegen das Stricken.[80] Die Erzählung handelt von einem kleinen Mädchen, das so ganz und gar keine Lust hatte, stricken zu lernen. Das Buch erschien 1958; zwei Jahre zuvor wurde ich ohne mein Wissen eine Ameise. Vielleicht hegte meine Grossmutter die Hoffnung, dass ich – wie das kleine Mädchen in ihrem Buch – doch noch zu einer geübten «Lismerin» heranwachsen würde.

Das Buch erzählt die Geschichte eines kleinen Mädchens, das seine liebe Mühe damit hat, Stricken zu lernen. Dank dem Zauberspruch des Wollschafs Tzigaga gelingt es ihr auf einmal. Flink und froh kann sie mit ihren grünen Lismernadeln einer armen Prinzessin helfen und ihr ein neues Kleidchen stricken.

Abb. 20: Tzigaga, das Wollschaf: Verdrossen und ungelenk müht sich das kleine Mädchen mit seiner Strickarbeit ab, während ihre Spielgefährten draussen herumtollen dürfen.

Auszüge aus dem Kinderbuch «Tzigaga, das Wollschaf», verfasst von Marguerite Paur-Ulrich, illustriert von Jacqueline Blass-Tschudi, Ameise 1963–1973:

«Ein kleines Mädchen hätte einmal stricken
lernen sollen. Aber das war ungeheuer schwer.
Immer wieder verwickelte es seine Fingerchen
im Wollfaden. Manchmal schien es ihm,
es habe viel mehr als zehn Finger,
weil sie immer übereinander purzelten und
wirbelten. Ach, die dummen Nadeln
stachen vorn ins weiche runde Fingerköpfchen
und hinten in die Schürze. Bald rutschten
die Maschen allesamt herunter, bald klebten
sie feucht am Nadelspiess. Und immer wieder
schien just die Sonne so lustig,

Abb. 21: Mit dem goldenen Scherchen schert das kleine Mädchen vorsichtig das Fell des alten Wollschafs Tzigaga.

Abb. 22: Räuber haben der Prinzessin die Kleider gestohlen. Aus ihren goldenen Haaren strickt das kleine Mädchen ein schimmerndes, wärmendes Kleidchen.

wenn es hätte lismen sollen, oder die Kinder
riefen aus dem Garten: Komm zu uns und
spiele mit uns!
Nein, lismen lernen, das konnte und wollte
das kleine Mädchen nun einmal nicht!
Seine Mutter machte ein ernsthaftes Gesicht:
‹Pass auf, kleines Mädchen,
wenn du nicht folgsam das Stricken übst,
kommt einmal das grosse uralte Wollschaf
und holt dich!›»

«Das kleine Mädchen fand die goldene Schere
und ging langsam, Schrittchen um Schrittchen
dem alten Tzigaga entgegen.
Dann fing es an zu weinen.
‹Warum blökst du?›, fragte das Schaf.
‹Weil ich mit dem kleinen Scherchen
doch nicht dein Fell scheren kann.›

Abb. 23: Auf ihrer Reise lernt das kleine Mädchen die Kunst des Strickens und wird schliesslich zur allerbesten «Lismerin» im ganzen Land.

‹Versuch es nur›, sagte das Schaf.
‹Und wenn du hungrig bist oder müde,
schenke ich dir von meiner süssen Milch.
Wenn du fertig bist, sage ich dir
meinen Zauberspruch ins Ohr,
der lehrt dich dann das Lismen.›»

«Obgleich das kleine Mädchen gar nichts
mit heimgebracht hatte von seiner Reise,
gab es doch ein herrliches Fest,
denn alle freuten sich über seine Heimkehr.
Am andern Tag stellte es
sein Stühlchen an die Sonne, setzte sich darauf,
nahm die grasgrünen Nadeln und
begann emsig zu stricken.
Dazu sang es laut: Inestäche, umeschlah,
                    Durezieh und abelah
                    Lehrt das kluge Tzigaga.
Und das kleine Mädchen wurde die allerbeste,
die allergeschickteste Lismerin im ganzen Land.»

Erinnerungen von Monika Beckedorf-Gasser an ihre Grossmutter Marguerite Paur-Ulrich

«Meine Grossmutter, aus altem Zürcher Geschlecht stammend, historisch interessiert, künstlerisch und schriftstellerisch begabt, ist die Person, der ich, abgesehen von meinen Eltern, am meisten für meine innere und äussere Bildung verdanke. – Kunst, Literatur, Geschichte – alles wusste sie für uns Kinder lebendig zu machen. Sie war befreundet mit Betsy Meyer, der Tochter von C. F. Meyer, und besonders wichtig war für sie die Beziehung zu ihrer Grosstante «Tante Hanni» Spyri. An der Wand in ihrem Salon hing das Gemälde, das Johanna als ganz junge Frau zeigt, in einem schönen roten Kleid und einem kleinen, beinahe koketten Lächeln; gemalt von ihrer Freundin, der Malerin Anna Fries. Im Wandkasten daneben standen aufgereiht alle Erstausgaben ihrer Erzählungen, die weit mehr umfassten als ihre weltbekannte Heidi-Geschichte. Mit diesen, in Frakturschrift gedruckten und heute zu Unrecht vergessenen Geschichten, lernte ich lesen, und ich durfte, so oft ich wollte, ein neues Buch anstelle des gelesenen ausleihen.

Sie war eine wunderbare, phantasievolle und originelle Grossmutter; sie veranstaltete Spielnachmittage und Croquet-Turniere in ihrem schönen Garten; sehr beliebt waren auch ihre (selbstverfassten) Kasperlitheater-Aufführungen. Etwas Besonderes waren sodann die «Kunstreisli», nach Basel ins Kirschgarten-Museum, nach Bern zu Münster und Bundeshaus sowie – unschlagbar – zum sterbenden Löwen mit den vielen Spiessen im Bauch in Luzern. Und zu ihrem 70. Geburtstag lud sie alle ihre Enkel und Enkelinnen zu einem Alpenrundflug ein. Sogar die von mir nicht sehr geschätzten «Lismer»-Sessionen vor Weihnachten, an denen ich mit schwitzigen Händen Topflappen aus dickem Garn stricken sollte, machte sie – abgesehen von einem guten Zvieri – mit dem Vorlesen von Schiller-Balladen erträglich: Der Taucher, Die Kraniche des Ibikus, Der Handschuh – bis heute unvergesslich!

Der einzige etwas problematische Punkt waren die «Wunderknäuel», die, gespickt mit «Napolitains» und kleinen Geschenken, regelmässig auf meinem Geburtstagstisch lagen. Ich muss leider gestehen, dass ich – und dafür schäme ich mich heute – jeweils mit den ungeliebten Stricknadeln im Knäuel herumstocherte, um die «Schoggolädli» und vielen kleinen Überraschungen und Geschenklein herauszugrübeln. Die Löcher, die dabei entstanden, waren dann ziemlich erklärungsbedürftig …

Das Wirken von Marguerite Paur-Ulrich beschränkte sich jedoch nicht auf ihre Familie, ihr schönes Haus in Kilchberg und – besonders geliebt – auf ihren Garten mit der herrlichen Aussicht auf das untere Seebecken und die Stadt, mit der sie so vieles verband.

Sie besass ein ausgeprägtes Gefühl für die soziale Verpflichtung, die mit ihrem privilegierten Status einherging und die sie als selbstverständlich an uns Enkelkinder weitergab. Als ich in der 2. Klasse des Gymnasiums ein Thema für einen Vortrag suchte und meine Grossmutter um Rat fragte, schlug sie mir vor, meinen Mitschülerinnen die «Schweizerische Flüchtlingspolitik» vorzustellen. Das leuchtete mir ein und ich zog mit Block und Kugelschreiber bewaffnet los und interviewte, arrangiert von meiner Grossmutter, die Sekretärin dieser Hilfsorganisation. Es sollte die erste, aber bestimmt nicht die letzte Begegnung sein mit der sozialen Verpflichtung, die wir hier in der Schweiz gegenüber dem Rest der Welt haben.

Für die rege Teilnahme am kulturellen und sozialen Leben ihrer Heimatstadt sei ihre langjährige Mitgliedschaft im Lyceum Club Zürich (1923–1968) und dessen Präsidium (1937–1959) genannt. Ihre liebenswürdige, bescheidene Art, ihr Humor, ihre vielfältigen Begabungen haben sie in einzigartiger Weise für dieses Engagement befähigt.

Marguerite Paur-Ulrich repräsentiert das Beste, was ‹Alt Zürich› ausmacht. Ich bin ihr unendlich dankbar dafür, dass sie dieses Erbe an mich weitergegeben hat. Es macht mein Leben reicher und gibt mir die Kraft, mich einzusetzen für das, was richtig und gut ist.»[81]

Abb. 24: Eva Kesselring im Alter von drei Jahren im Garten ihres Elternhauses an der Gotthardstrasse 35 in Zürich, porträtiert 1912 vom Basler Kunstmaler Wilhelm Balmer.

Eva Kesselring-Schläpfer (1909–2003), Tochter von Marie Schläpfer-Stockar
Ameise 1920–2003

Eva Schläpfer wurde mit elf Jahren eine Ameise und blieb es während über 80 Jahren. Sie war das jüngste Kind von Oberrichter Conrad Stockar und Marie Schläpfer-Stockar und hatte drei ältere Brüder.

Nach ihrer Schulzeit liess sie sich zur Sozialarbeiterin ausbilden, was ihr zugutekam, als sie später das Bezirkssekretariat der Pro Juventute in Weinfelden führte.[82]

Wie ihre äusserst amüsant zu lesenden Erinnerungen aus dem Jahr 1992 über ihre Kindheit in Zürich durchscheinen lassen, war Eva Kesselring-Schläpfer eine selbstbewusste, couragierte und humorvolle Frau: «Mein Elternhaus stand an der Gotthardstrasse in der Enge in Zürich, da, wo sich jetzt das Neue Schloss befindet, in einem grossen Garten, gegen den See hin anstossend an das Palais Henneberg, später Kursaal, jetzt IBM. Unser Garten war ein Paradies, mitten in der Stadt,

Abb. 25: Eva Kesselring-Schläpfer mit ihren Kindern Hansulrich und Dorothea, Schlossgut Bachtobel, um 1949.

für mich und viele Nachbarkinder. [...] Gegenüber wohnte das Martheli Arnet. Seine Eltern waren Abwarts im Roten Schloss und hausten in einer Kellerwohnung, man sah von der Strasse durch das Gitterfenster die Mutter Arnet am Herd stehen, und ich lernte begreifen, was ‹arme Kinder› sind. Wir sassen miteinander auf dem Randstein und kurbelten unsere Rollschuhe an, wir reifelten, peitschten die Surri vom Dolendeckel, versuchten ‹den Soldat› auf Stelzen, springseilten und liessen ‹Chlüren› über den Asphalt rollen. Wenn ich bisher immer per ‹wir› erzählte, so sind damit die Nachbarskinder und gleichaltrigen Cousinen und Kinder von Mamas Vereinlifreundinnen gemeint. Sicher nicht meine Brüder, die waren ja viel zu alt, um mit mir zu spielen und fanden mich sowieso blöd, obwohl ich für Bubenspiele viel eher zu haben gewesen wäre als zum ‹Bäbele›.»[83]

Auch die Ameisen erwähnt Eva Kesselring-Schläpfer in ihren Erinnerungen, die sie als 83-Jährige auf Wunsch ihrer Kinder verfasste:

«Für die ‹Ameisen› musste ich schon ganz früh mitlismen, ich tat es aber nicht ungern, besonders, wenn ich einen Wunderknäuel hatte. Zudem las Mama meistens vor, aus den Turnachkindern, dem Theresli, oder Heidi. Ekkehard, Schloss Lichtenstein, oder gar der Trompeter von Säckingen waren meine ersten Begegnungen mit Liebesromanen, da konnte ich oft kaum auf die Fortsetzung warten.»[84]

Die Liebe brachte Eva Kesselring-Schläpfer 1941 nach Weinfelden auf Schloss Bachtobel, das der Familie Kesselring seit 1784 gehört. Ihren Mann hatte sie in Genf kennengelernt. Seine grosse Passion galt dem Rebbau. Aus dem schlecht erhaltenen Schlossgut am Ottenberg schuf er ein gepflegtes Weingut.

Eva Kesselring-Schläpfer kümmerte sich um den Gemüsegarten, die Blumenpflege und die Erziehung ihrer beiden Kinder Dorothea und Hansulrich. Im Haushalt gingen ihr Dienstmädchen zur Hand; Kochen lag ihr nicht.

Alle 14 Tage fuhr sie mit dem Zug nach Zürich, um ihre alten Kontakte zu pflegen. Wie ihre Mutter, war auch sie musisch veranlagt. Sie liebte das Geigespielen und spielte im Weinfelder Kammerorchester. Auch dem Alphorn entlockte sie gekonnt Melodien.

Nachdem ihr Mann 1967 plötzlich verstarb, führte sie während fünf Jahren das Weingut. Im Alter von 77 Jahren zog sie nach Zollikon, widmete sich den Grosskindern, reiste in die USA, unternahm Bergwanderungen, machte Handarbeiten und unterhielt eine weitgefächerte Korrespondenz. Eva Kesselring-Schläpfer hegte eine grosse Leidenschaft für das Ballonfliegen: Mit 92 Jahren hebt sie, erblindet, zum fünfzigsten Mal in einem Korb ab.[85]

Lilly Rordorf (1890–1998)
Ameise 1929–1983, Vorstandsmitglied 1931–1961,
Präsidentin 1942–1955

Lilly Rordorf hatte an der Höheren Töchterschule[86] als erstes Mädchen ihrer Familie die Matura bestanden. Danach studierte sie an der Universität Zürich Pädagogik und erwarb das Lehrerpatent.[87] Für drei Jahre war sie anschliessend im englischen Morton Hall Lehrerin. Wieder in Zürich erteilte sie dem damaligen Stadtpräsidenten Englischunterricht und führte ein Mädchenpensionat. Die NZZ schrieb 1995 zu ihrem 105. Geburtstag: «Die Jubilarin entstammt einer alteingesessenen Zürcher Familie, die im Jahre 1349 das Bürgerrecht erhielt und seither stets eng mit der Stadt verbunden war. Ihr Vater David Rordorf, der Architekt war, überbaute gegen Ende des 19. Jahrhunderts den damaligen Weinberg unterhalb des Pfrundhauses und bezog mit seiner Familie ein Haus an der Leonhardshalde 9. Da wohnte Lilly Rordorf mit Hilfe der Spitex bis ins Jahr 1993.»[88] Auf Anregung des Vorstehers des Pfrundhauses zog sie im Alter von 103 Jahren in die Altersresidenz an der Leonhardshalde 18.[89] Im Alter von 108 Jahren verstarb Lilly Rordorf 1998 als Zürichs älteste Einwohnerin. Verena von Hammerstein-Rordorf erinnert sich anlässlich des Todes ihrer Tante: «Das eindrucksvolle Erlebnis des britischen Lebensstils hat sie für ihr ganzes Leben geprägt. Zurückgekehrt nach Zürich, leitete sie für die Frauenbildungsschule eine Stellenvermittlung für England. Ein elitärer Zug war in ihrem ganzen Wirken bemerkbar. In ihrem Haus unterrichtete sie Privatschülerinnen und nahm Töchter auf, darunter viele Angehörige bekannter Familien wie die Plantas, die Leglers und die de Montmollins. [...] Lilly schrieb unermüdlich Briefe. Sie hatte eine grosse, kantige Schrift und verwendete violette Tinte, was von den Empfängern als ‹chic› empfunden und nachgeahmt wurde.»[90]

Zu den Zürcher Ameisen stiess Lilly Rordorf 1929 und arbeitete wenige Jahre später im Vorstand mit.[91] Schon vor Lilly Rordorf waren Frauen aus ihrer Familie bei den Zürcher Ameisen. In der Gruppe von Mathilde Vogel engagierten sich ab 1893 ihre damals noch ledige Tante Maria Rordorf und ihre Grossmutter Marie Rordorf-Krafft (1826–1909). Ihre Mutter Elise Rordorf-Mahler trat dem Verein 1899 bei, ihre Tante Nanny Rordorf-Gwalter 1902. Deren Tochter Ruth stiess 1908 als 14-Jährige zu den Ameisen. Elisabeth Rordorf, die Schwester von Lilly Rordorf, übernahm 1916 eine Gruppe als Sammlerin.[92]

Interview mit Denise Jagmetti-de Reynier (1933)
Ameise seit 1937, Präsidentin 1977–1990

Frau Jagmetti, Sie sind seit über 80 Jahren Mitglied im Verein. Gemeinsam mit Eva Kesselring-Schläpfer sind Sie damit die Ameise mit der längsten Vereinszugehörigkeit. Wie kamen Sie zu den Ameisen?
Die Mitgliedschaft im Verein ist seit Bestehen Tradition in unserer Familie. Meine Grossmutter, Helene von Muralt-Bodmer, nahm mich bereits als vierjähriges Mädchen in die von ihr als Sammlerin geführte Gruppe

Abb. 26: Denise Jagmetti-de Reynier, 1997.

auf. Nach ihrem Tod trat ich 1960 ihre Nachfolge an und blieb bis 2012 Sammlerin dieser Gruppe. Der Grundgedanke des Vereins hat mich immer überzeugt. So übernahm ich denn 1977 nach dem Rücktritt von Lotti Rüedi-Rudolph gerne das Präsidium der Zürcher Sektion.[93] Auch meine beiden Töchter Chantal, die nun auch eine Sammlerin ist, und Dominique sind Vereinsmitglieder. Ebenso war meine Mutter Charlotte de Reynier-Muralt ein langjähriges Mitglied, wirkte in den 1960er- und 1970er-Jahren im Vorstand mit und war Sammlerin von den 1950er- bis in die 1980er-Jahre.

Haben Sie immer gerne gestrickt oder andere Handarbeiten erledigt?
Nein, das lag mir gar nicht. Wenn es denn sein musste, habe ich gestrickt. Als ich erwachsen war, liess ich die jährlich dem Ameisenverein abzugebenden Kleidungsstücke von Schülerinnen der Frauenfachschule Zürich[94] herstellen. Dies haben auch zahlreiche andere Ameisen so gemacht.

Hat die Zürcher Sektion engere Kontakte zu anderen Sektionen des Vereins Schweizer Ameisen unterhalten?
Nein, soweit ich das aus meiner Zeit im Vorstand weiss, gab es keine Beziehungen zu anderen Sektionen. Der einzige Austausch bestand darin, dass wir dem Vorstand uns bekannter Sektionen gelegentlich den Jahresbericht und das Protokoll unserer jährlichen Versammlung zukommen liessen.

In welcher Häufigkeit trafen sich die Ameisen der Zürcher Sektion zu Vereinsanlässen?
Während meiner Zeit als Präsidentin kamen lediglich die Sammlerinnen einmal pro Jahr zusammen, ansonsten gab es keine Zusammenkünfte der Mitglieder. Seit wir auch Geldspenden vergeben, bestimmen die Sammlerinnen an ihren jährlichen Treffen gemeinsam mit dem Vorstand, welche Institutionen berücksichtigt werden sollen.

Wie kamen während Ihrer Zeit als Vereinspräsidentin die Kontakte zu den beschenkten Institutionen zustande?
Wir pflegten einerseits Kontakte zu Gemeindeschwestern, die wussten, wo es Not zu lindern gab und mit welchen Textilien am besten geholfen werden konnte. Andererseits berücksichtigten wir jährlich wiederkehrend dieselben Institutionen. Darunter waren insbesondere Kinder- und Schulheime, aber auch Heime für Erwachsene sowie Krankenhäuser.

Vor einigen Jahrzehnten sind die Zürcher Ameisen dazu übergegangen, nicht mehr hauptsächlich Kleidungsstücke und andere Textilien zu verschenken, sondern Geld zu spenden. Welches ist der Grund für diesen Wandel?
In den frühen 1970er-Jahren machten wir eine Umfrage bei den Spendenempfängern. Wir wollten wissen, wie wir sie am sinnvollsten unterstützen können. Die Antwort war allseits dieselbe: Mit Geldspenden sei ihnen zweckmässiger gedient, denn so könne der erhaltene Betrag situations- und bedürfnisgerecht eingesetzt werden.

Mit Ausnahme von Zug und Tessin wurden Sektionen des Vereins Schweizer Ameisen nur in Kantonen mit vorwiegend reformierter Bevölkerung gegründet. Spielte die konfessionelle Haltung eine Rolle dabei, ob Institutionen für die Zürcher Ameisen als Spendenempfänger in Frage kamen?
Das mag in den ersten Jahrzehnten unserer Sektion noch so gewesen sein. Doch seit ich mich daran erinnern kann, war die Konfession nie ein ausschlaggebendes Kriterium. Wir legten stets grossen Wert auf die Seriosität der bedachten Institutionen – und wenn es uns sinnvoll erschien, boten wir unsere Unterstützung an. Uns ist es wichtig, die Kontrolle darüber zu haben, wohin unsere Sachen und Gelder gehen, und leisten daher ausschliesslich Direkthilfe. An Institutionen, die unsere Mittel für politische Zwecke einsetzen wollten, haben wir nie gespendet.

Die Sammlerinnen mussten die von den Ameisen ihrer Gruppe erhaltenen Textilien jeweils im November an einer zentralen Sammelstelle abgeben. Was geschah dort mit den Kleidungsstücken, Leintüchern usw.?
Die riesigen Mengen an unterschiedlichsten Kleidungsstücken und Textilien für den Hausgebrauch wurden sortiert und für die Weitergabe vorbereitet. Alle Kleidungsstücke mussten neu sein. Alte Teile und «Ramsch» warfen wir weg. Bei den Spendenempfängern und Gemeindeschwestern wurde vorher nachgefragt, was sie am dringendsten benötigten. Danach versuchten wir, für alle Empfänger Kartonschachteln mit möglichst den Sachen zu füllen, die gefragt waren. Eine solche jährliche Sammel- und Verteilaktion dauerte in der Regel zwei Tage. In den Jahren, in denen ich Präsidentin war, stellte uns die «Epi-Anstalt» dafür jeweils während einer Woche einen grossen, hellen Raum zur Verfügung.

Was halten Sie davon, dass zum 125-jährigen Vereinsjubiläum eine Publikation erscheint?
Die Idee gefällt mir. Ich kann mir gut vorstellen, dass vor allem die Ameisen unter den Leserinnen und Lesern auch in 20 Jahren noch gerne darin blättern werden.

Das Sammelgut

Sammeln, sortieren, packen und verteilen

Der November war die betriebsamste Zeit im Ameisenjahr. Die Sammlerinnen brachten das Sammelgut zur zentralen Sammelstelle. Die Präsidentin zählte die übergebenen Stücke und bestätigte den Erhalt in den Sammlerinnen-Büchlein. Diese Büchlein werden bis in die 1990er-Jahre sorgfältig geführt. Ab den 1970er-Jahren addieren die Sammlerinnen die Kleidungs- und Wäschestücke ihrer Gruppen selbst.

In den Berichten wurden die Ameisen jeweils mit Nachdruck dazu aufgefordert, die unter dem Jahr gefertigten Handarbeiten bis zum 1. November ihrer Sammlerin abzuliefern, damit diese sie bis zum 15. des Monats an die zentrale Sammelstelle weiterleiten konnte. Im Bericht von 1899 ergeht der Aufruf mit den Worten: «Aufs neue möchten wir die verehrten Ameisen bitten, doch ja sich bei Zeiten an die Verfertigung ihrer Beiträge zu machen, damit sie dieselben am 1. November an ihre Sammlerinnen abliefern können; immer wieder verursachen einzelne Nachzügler Verzögerungen und erschweren damit ihren Sammlerinnen und der Präsidentin die Sache.»[95] Die Termine wurden in einzelnen Jahren etwas vorgezogen oder später angesetzt. Anfangs Dezember aber waren immer sämtliche Arbeiten abgeschlossen, denn die «Ameisensäcke» sollten rechtzeitig zur Weihnachtszeit die Empfänger erreichen.

Die zentralen Sammel- und Packstellen befanden sich in einer Zeitspanne von fast hundert Jahren an lediglich acht unterschiedlichen Orten:

1893–1895	im Haus eines Vorstandmitglieds
1896–1903	Anna Paur, Bahnhofstrasse 42
1904–1908	Helene Bodmer, Thalgasse 79
1909–1941	Mathilde Vogel, Parkring 12
1942–ca. 1963	Schweizerische Pflegerinnenschule
ca. 1963–1969	Dora Usteri-Hürlimann, Gloriastrasse 84
1970–1980er-Jahre	Schweizerische Epilepsie-Klinik

Anlässlich des 60-jährigen Bestehens des Vereins durften die Ameisen 1954 die Sammel- und Packtage im Kirchgemeindehaus am Hirschengraben durchführen. Der Vereinsvorstand lud die Mitglieder dazu ein, «die Ausstellung zu besichtigen», um «all die zusammengetragenen Dinge einmal selbst bewundern zu können».[96]

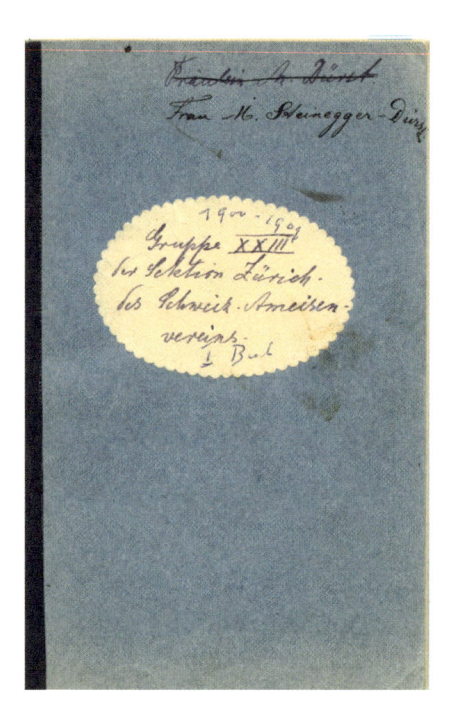

Abb. 27: Sammlerinnen-Büchlein 1900–1909 von Marie Steinegger-Dürst. Sie kam 1899 als ledige Frau zu den Ameisen und übernahm sogleich ein Sammlerinnenamt, das sie bis mindestens 1955 ausübte.

Abb. 28: Aus dem Sammlerinnen-Büchlein von Marie Steinegger-Dürst, 1901.

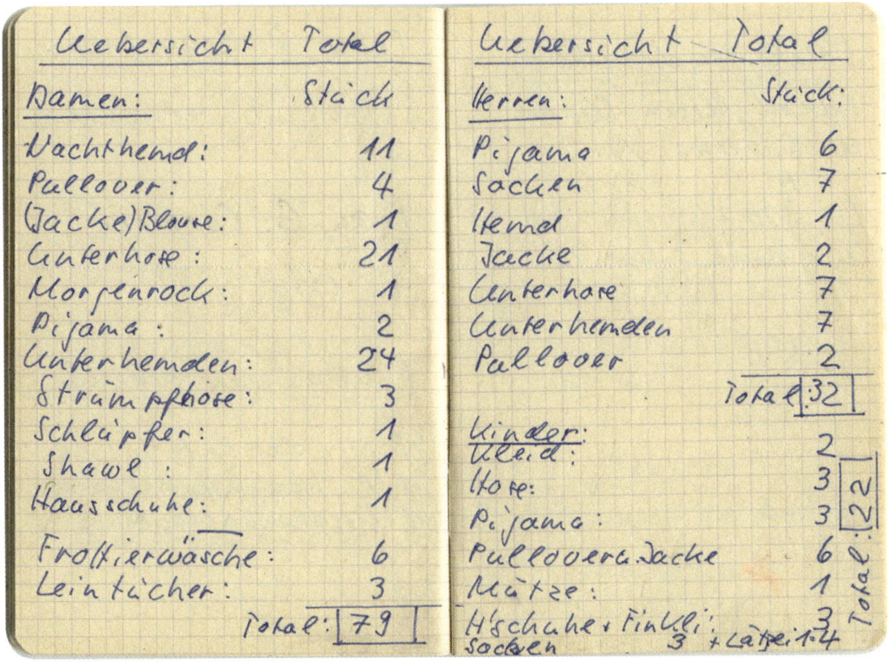

Uebersicht	Total	Uebersicht	Total
Damen:	Stück	Herren:	Stück:
Nachthemd:	11	Pijama	6
Pullover:	4	Socken	7
(Jacke) Blouse:	1	Hemd	1
Unterhose:	21	Jacke	2
Morgenrock:	1	Unterhose	7
Pijama:	2	Unterhemden	7
Unterhemden:	24	Pullover	2
Strumpfhose:	3	Total:	32
Schlüpfer:	1	Kinder:	2
Shawl:	1	Kleid:	2
Hausschuhe:	1	Hose:	3
Frottierwäsche:	6	Pijama:	3
Leintücher:	3	Pullover u. Jacke	6
Total:	79	Mütze:	1
		H'schuhe + Finkli, Socken	3 + Latzeli 4
		Total:	22

Abb. 29: Aus dem Sammlerinnen-Büchlein von Monica Stockar-Bruman, 1973.

Der Vorstand war betraut mit den Arbeiten, die der Sammlung folgten. Als die Mengen grösser wurden, halfen dabei weitere Vereinsmitglieder mit. Zuerst galt es, die gesammelten Stücke zu prüfen und zu sortieren.

Nicht immer war der Vorstand erfreut über die Lieferungen, wie eine Zeile aus dem Bericht von 1902 verrät: «Es gingen 1896 Gegenstände ein, meist nützliche, gute Sachen.»[97] Waren es die acht Stück «Dorcas Kochbücher» und die «30 Spielzeuge», die damals nicht ganz so grossen Anklang beim Vorstand fanden? Nur Hochwertiges wurde weitergegeben. Gelegentlich wurden offenbar dennoch bereits getragene Kleidungsstücke oder abgenutzte Bettwäsche gespendet, denn die Ameisen werden in einem Schreiben von 1988 wiederholt daran erinnert, «dass wir *nur neue Gegenstände* verschenken».

Zum Sortieren wurden jeweils grosse Tücher auf dem Boden ausgebreitet und die Wäschestücke nach Empfängern geordnet daraufgelegt.[98]

Abb. 30: Eine Basler Ameise sortiert gesammelte Kleider, 1953.

Beim Zusammenstellen der einzelnen Pakete versuchten die Ameisen, den Bedürfnissen der einzelnen Institutionen möglichst zu entsprechen: «Der Inhalt der Pakete variiert zwischen 8 und 60 Stücken und wird ziemlich genau nach Wunsch sortiert (Geschlecht, Alter, praktische oder mehr hübsche Sachen).»[99] In den 1980er-Jahren erkundigte sich der Vorstand bei den Gemeindeschwestern telefonisch, welche Sachen ihnen am besten dienen würden. Das war zwar recht aufwändig, für die Beschenkten aber viel sinnvoller. Gefragt waren vor allem Bettsocken, Bettjäckli und Fixleintücher für Patienten und Pflegebedürftige.[100]

Abb. 31: Mitgliederkarte Verein Schweizer Ameisen, undatiert: Ameisen beim Verteilen der gut gefüllten Kleider- und Wäschesäcke.

Bis in die 1970er-Jahre wurden die Textilien in grauen Säcken verschickt.[101] «In etwa hundert Säcken reisen die Jacken und Wämser, die Hosen und Röcke, die schöne Unterwäsche, wie die zahllosen Säuglingssächelchen an die Bestimmungsorte in Stadt und Kanton Zürich und noch weiter.»[102] Aus der Jahresrechnung von 1972 ist ersichtlich, dass in jenem Jahr noch neue Säcke angeschafft wurden für den Betrag von 128 Franken.[103] Bald darauf ging man jedoch dazu über, die Kleider- und Wäschestücke mehr und mehr in Schachteln zu spedieren. Die Sammlerinnen wurde gebeten, ihre Gaben «wenn möglich in grossen Schachteln abzuliefern, wobei würfelförmige günstiger sind als Kleiderschachteln».[104] 1975 war dann die ideale Verpackung gefunden: «Sehr gut eignen sich leere Weincartons!»[105] Der Versand in Schachteln senkte die Transportkosten erheblich. Diese wurden jeweils mit den jährlichen Sammlerinnenbeiträgen beglichen. Dank den Kosteneinsparungen konnte der Beitrag wieder auf 10 Franken reduziert werden, sah sich die Quästorin noch im Vorjahr dazu gezwungen, den Betrag auf 20 Franken zu erhöhen. Die Zahl der Sendungen in Säcken ging von Jahr zu Jahr zurück, bis sie ab 1975 ganz entfielen.[106]

Tab. 1: Anzahl gefertigte Textilien (blau) im Vergleich zur Mitgliederzahl (braun) 1893–1962.

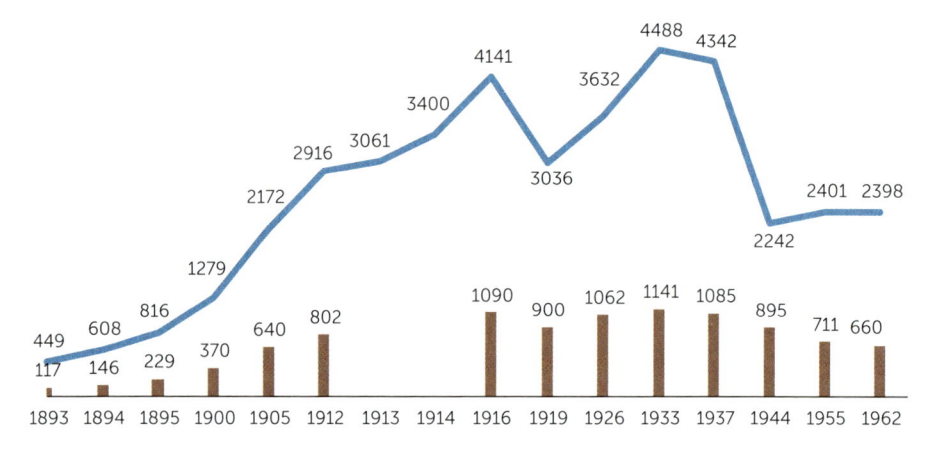

Quelle: Berichte 1893–1963, Verein Schweizer Ameisen Sektion Zürich.
Für die Jahre 1913 und 1914 liegen keine Mitgliederzahlen vor.

Besondere Emsigkeit in den Kriegs- und Zwischenkriegsjahren

Während des Ersten Weltkriegs waren die Ameisen besonders produktiv (siehe Tab. 1). 1916 fertigten sie über 4000 Kleidungs- und Wäschestücke an. Weil die Mitgliederzahl nach dem Krieg um etwa 20 % zurückging und noch bei rund 900 Ameisen lag, mahnte der Vorstand, sich den Vereinsaustritt reiflich zu überlegen. Sollte er aus Kostengründen erwogen werden, riet der Vorstand: «Wir geben gerne zu, dass durch die enorme Preissteigerung von Stoffen, Wolle etc. die Neuanfertigung von Kleidungsstücken erschwert wird, aber auch aus alten Sachen lässt sich noch viel Brauchbares machen [...].»[107] Der Aufruf zeigte Wirkung: 1923 besteht der Verein wieder aus über tausend Ameisen.[108] Auch in den Zwischenkriegsjahren und in den Jahren des Zweiten Weltkriegs strickten und nähten die Ameisen sehr fleissig. Gegen Kriegsende nimmt die Tätigkeit abrupt ab, ebenso sinkt erneut die Mitgliederzahl.

Da im Zweiten Weltkrieg der Bezug von Textilien (Kleidungsstücke, Wolle, Stoffe – ausgenommen Seide, Kunstseide und Zellwolle) rationiert war,[109] machte der Vorstand die Mitglieder 1942 «auf die Möglichkeit aufmerksam, durch Einzahlung auf den Postcheck VIII 29805 unserer Sache zu dienen und damit den eigenen kargen Bestand an Textilmarken nicht angreifen zu müssen».[110]

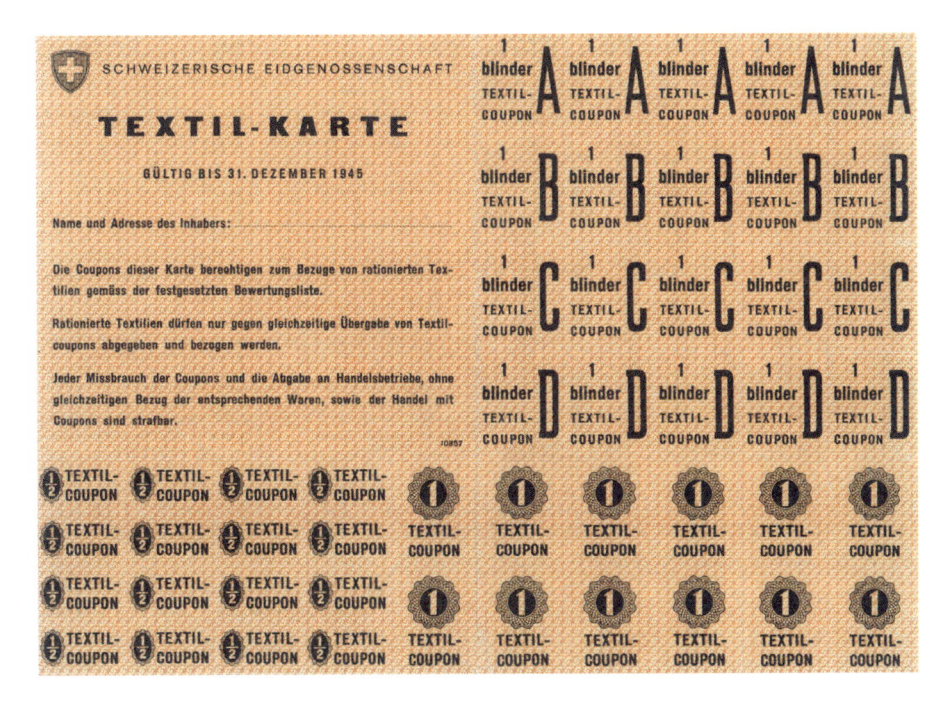

Abb. 32: Textilkarte während der Rationierung 1940–1945 im Zweiten Weltkrieg.

Vom Ameisensack zum Geldbeutel

Früher kamen die Ameisen ihrer Pflicht unter dem Jahr nach. Jede von ihnen hatte in ihren Mussestunden die geforderten zwei Kleidungs- oder Wäschestücke anzufertigen. Anfangs Winter holten die Sammlerinnen die Ernte ein, der Vorstand besorgte die Verteilung an die Empfänger.

Im Laufe der Zeit nahm der Anteil an selbst hergestellten Handarbeiten stetig ab. Einerseits, weil sich die Rolle der Frau in der Gesellschaft seit dem Ende des 19. Jahrhundert stark gewandelt hatte; immer mehr junge Frauen absolvierten Ausbildungen, waren berufstätig, es fehlte ihnen die Zeit für Stricken, Nähen, Häkeln, oder sie widmeten sich in ihrer Freizeit ganz einfach lieber anderen Dingen. Andererseits veränderten sich auch die Bedürfnisse der Empfänger: Mit gezielten Geldspenden konnte ihnen zweckdienlicher geholfen werden.

Heute geht ein jährliches Schreiben an die Ameisen mit der Bitte um Einzahlung des Beitrages von mindestens hundert Franken. Noch immer ist in den Statuten aber festgehalten, dass anstelle des Geldbetrages auch zwei handgefertigte neue Kleidungsstücke gespendet werden können.[111]

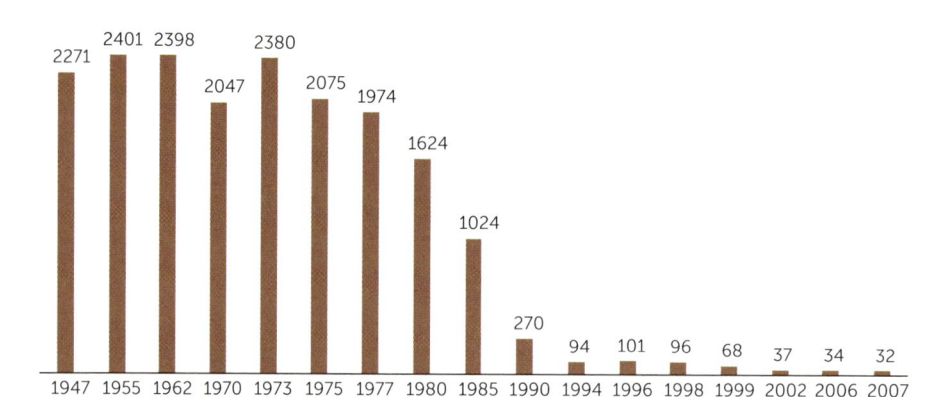

Tab. 2: Von den Zürcher Ameisen gefertigte Textilien 1947–2007.

Jahr	Anzahl
1947	2271
1955	2401
1962	2398
1970	2047
1973	2380
1975	2075
1977	1974
1980	1624
1985	1024
1990	270
1994	94
1996	101
1998	96
1999	68
2002	37
2006	34
2007	32

Quelle: Berichte, Protokolle von Jahresversammlungen und Schreiben an die Vereinsmitglieder, 1947–2007. Seit 2007 gehen nur noch vereinzelte selbst gefertigte Handarbeiten ein, die meist an Kinderheime verschenkt werden.

Noch in den 1930er-Jahren war die Anzahl jährlich gespendeter Textilien knapp doppelt so hoch wie 1947. Ab den frühen 1970er-Jahren nimmt die Zahl der Handarbeiten immer mehr ab. Im Sommer 1988 erkundigte sich der Vereinsvorstand bei den regelmässig bedachten Spendenempfängern, welche Gaben für sie am nützlichsten seien. Die Frage lautete, ob sie weiterhin Kleider (und falls ja, welche), Leintücher und Wolldecken erhalten wollten oder einen Geldbetrag vorziehen würden.[112] Ein Jahr später erinnerte die Präsidentin die Ameisen daran, «dass nunmehr Geld bevorzugt wird, weil damit gezielt das Nötige gekauft werden kann. Einzig handgestrickte Pullover, Jacken, Socken und Babysachen werden weiterhin sehr geschätzt».[113]

Noch anfangs der 1970er-Jahre machten die Geldspenden einen relativ kleinen Teil der jährlichen Sammlung aus. Bald aber nahmen sie beträchtlich zu und bewegten sich in der Zeit von 1990 bis 2002 meist zwischen 60 000 und 70 000 Franken. 1993, zum 100-jährigen Vereinsjubiläum, wurde der vom Vorstand anvisierte Betrag von 100 000 Franken deutlich überschritten. 1996 wurde der Verein mit Legaten in der Höhe von 37 290 Franken bedacht, weshalb die Kurve in diesem Jahr steil ansteigt. Seit 2006 fliessen dem Vereinskonto durch die Ameisen jedes Jahr weit mehr als 100 000 Franken zu.

Tab. 3: Von den Zürcher Ameisen gespendete Geldbeträge 1947–2017.

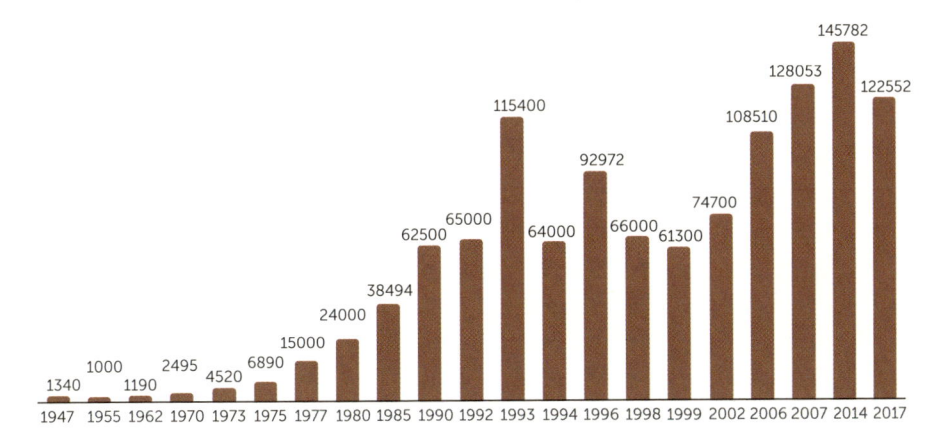

Jahr	Betrag
1947	1340
1955	1000
1962	1190
1970	2495
1973	4520
1975	6890
1977	15000
1980	24000
1985	38494
1990	62500
1992	65000
1993	115400
1994	64000
1996	92972
1998	66000
1999	61300
2002	74700
2006	108510
2007	128053
2014	145782
2017	122552

Quelle: Berichte, Protokolle von Jahresversammlungen und Schreiben an die Vereinsmitglieder, 1947–2017.

Ihre allererste Geldspende tätigten die Zürcher Ameisen 1911: Wegen gestiegener Lebensmittelpreise erhielten die Stadtschwestern total 100 Franken. Den Betrag verteilten sie an Bedürftige für den Kauf von Konsumwaren. Ebenfalls 100 Franken gingen an Schwester Bertha Stutz zur Beschaffung von Männersocken. Diese liess die Socken durch «alte, sonst arbeitsunfähige Frauen stricken».[114] Der Geldbetrag an die Stadtschwestern wurde seither jährlich gesprochen. 1919 aber musste er ausbleiben, «da die Jahresbeiträge pro 1919 durch die Kosten des Jahresberichtes verschlungen wurden».[115]

Spendenempfänger

Veränderungen im Empfängerkreis

An wen die gesammelten Handarbeiten und andere Textilien gehen sollten, war in den Statuten verankert: «[...], sei es, dass sie dieselben an bestimmte Bedürftige verteilen oder Pfarrhäusern, Wohltätigkeitsanstalten u. dgl. übermitteln lässt.» In Absprache mit den Sammlerinnen entschied die Präsidentin «je nach den lokalen Bedürfnissen, in welcher Weise die Kleidungsstücke zu verwenden sind».[116]

Im Jahr 1955 waren «die Empfänger all dieser Gaben:
1. 38 Gemeindeschwestern und Gemeindehelferinnen von Altstetten bis Neumünster, von Schwamendingen bis Wollishofen
2. Stadtmissionare
3. Die Anstalten des Diakonievereins und der Heilsarmee; Erziehungsanstalten Aatal, Freienstein, Albisbrunn; Säuglingsheime wie Pilgerbrunnen, Schanzacker, Inselhof; Altersheime.
4. Spitäler und Krankenheime wie Rehalp, Balgrist, Zollikerberg, Burghölzli, Anstalt für Epileptische etc.
5. Fürsorgestellen wie Pro Juventute, Tuberkulosekommission, Fürsorgestelle für Alkoholkranke, Blaukreuzfürsorgestelle, Hoffnungsbund des blauen Kreuzes Zürich 1 und Wiedikon etc.
6. Pfarrämter des Kt. Zürich wie Sitzberg, Sternenberg, Fischenthal, Schlatt, Dättlikon, Ellikon etc.».[117]

Die Berücksichtigung von Gemeindeschwestern lag den Zürcher Ameisen «besonders am Herzen, denn es ist uns solch' wohltuender Gedanke, dass auf diese Weise vielen Einsamen, Armen und Leidenden, die von der Privatwohltätigkeit nicht erreicht werden, Hülfe geleistet wird».[118] Dass diese Aussage auch 50 Jahre später noch zutrifft, zeigt obige Auflistung.

Über die Jahre veränderte sich der Empfängerkreis der Spenden. Da je länger je mehr Geldspenden gefragt waren, passte der Verein Schweizer Ameisen Sektion Zürich seine bisherige Vergabepraxis an. Heute konzentriert er sich auf weniger Institutionen, spendet diesen jedoch höhere Beträge. Die Strategie sieht vor, ausgewählte und vom Vorstand regelmässig besuchte Institutionen längerfristig zu unterstützen. Derzeit sind es 20 Einrichtungen für Kinder, Jugendliche und Erwachsene, die jährlich eine zweckgebundene Spende erhalten. Damit werden beispielsweise Ausflüge, Ferien, sinnvolle Tagesstrukturen oder dringend benötigte Anschaffungen finanziert.[119]

Zu Besuch bei zwei unterstützten Institutionen

Die Heimleiterinnen des Kinderheims Pilgerbrunnen in Zürich und des Chinderhus Blueme in Grub AR stellen ihre Institution vor und berichten, wofür sie die Spendengelder der Zürcher Ameisen einsetzen.

Kinderheim Pilgerbrunnen, Zürich[120]
Interview mit Manuela Gärtner, Leiterin seit 2015 und
Valeria Rentsch, Leiterin 2003–2015.

In welchem Alter sind die Kinder im Kinderheim Pilgerbrunnen?
Frau Gärtner: Wir dürfen Kinder von wenigen Tagen bis sieben Jahre aufnehmen. Manchmal bleiben Kinder noch darüber hinaus bei uns. Dies kann der Fall sein, wenn jüngere Geschwister sonst allein im «Pilgi» verbleiben würden, bei einer Verzögerung der Anschlusslösung oder wenn eine Unterbrechung der aufgebauten Beziehungen zu diesem Zeitpunkt die Entwicklung des Kindes wahrscheinlich gefährden würde. In fünf altersgemischten Wohngruppen sind im Kinderheim Pilgerbrunnen 35 Kinder zu Hause. Sie werden rund um die Uhr von ausgebildeten Sozialpädagoginnen und Fachpersonen betreut.

Nach dem Aufenthalt im Pilgerbrunnen können die meisten Kinder in ihr Elternhaus zurückkehren. Wenn das nicht möglich ist, werden Pflegefamilien gesucht oder die Kinder werden in andere Heime platziert.

Aufgrund welcher Kriterien werden Kinder im «Pilgi» platziert?
Frau Rentsch: In familiären Krisensituationen sind die zuständigen Behörden darauf angewiesen, dass kurzfristig reagiert und ein Platz angeboten werden kann. Im Kinderheim Pilgerbrunnen ist das gewährleistet. Dann haben die einzelnen Gemeinden natürlich ihre Präferenzen bei den Heimen. Das «Pilgi» geniesst wegen der guten Erreichbarkeit mit dem ÖV ausserdem einen Standortvorteil.

Ist es für das Kinderheim Pilgerbrunnen als bekannte und anerkannte Institution einfach, an Spendengelder zu kommen?
Frau Gärtner: Wir führten bisher nie Spendensammelaktionen durch und gingen auch nicht aktiv auf mögliche Spenderinnen und Spender zu. Im Hinblick auf den bevorstehenden Neubau mit voraussichtlichem Baubeginn 2019/2020 könnte sich dies allerdings ändern.

Gelegentlich erhalten wir Geldspenden von Unternehmen und Privaten. Diese Grosszügigkeit der Zürcher überraschte mich anfangs sehr. Bestimmt verdankt das Kinderheim Pilgerbrunnen manche dieser Spenden dem weitgespannten Netzwerk von Valeria Rentsch, meiner Vorgängerin, von dem wir noch immer profitieren. Ich habe zudem die Erfahrung gemacht, dass Leute, die spenden möchten, das am häufigsten für Kinder tun. Somit könnte man sagen, dass zum einen gewiss unsere langjährige und mit der Stadt verbundene Geschichte, zum anderen aber vor allem auch unsere Klientel, sprich die kleinen Kinder, zu Spenden anregen.

Wofür setzt das Kinderheim Pilgerbrunnen die Spendengelder ein?
Frau Rentsch und Frau Gärtner: Der Betrieb ist gedeckt durch kantonale Beiträge und durch Zahlungen der Gemeinden, aus denen die Kinder, die im Heim wohnen, kommen. Diese öffentlichen Gelder reichen jedoch nicht dafür aus, den Kindern auch einmal etwas bieten zu können, das nicht absolut notwendig ist, sondern einfach «nice to have». So, wie das in Familien zwischendurch auch vorkommt, dass man sich etwas Besonderes gönnt – wie einen Besuch im Zoo, am Knabenschiessen, am Jahrmarkt samt Zuckerwatte oder im Kino. Teils verwenden wir das Geld dafür, um den Musikunterricht von älteren Kindern zu finanzieren, für Bewegungsangebote oder Hausaufgabenhilfen. Es kommt auch vor, dass wir damit beispielsweise einen qualitativ guten Schulthek kaufen, damit die Kinder nicht (zusätzlich) stigmatisiert werden wegen «minderwertiger» Erscheinung.

Welche besonderen Momente haben die Kinder vom «Pilgi» in den letzten Jahren mit den Spenden der Zürcher Ameisen erleben können?
Frau Gärtner: Viele Kinder können das Kinderheim in den Sommerferien nicht verlassen und bleiben während dieser Wochen hier. Deshalb haben wir uns für diese Kinder etwas ausgedacht. Mit den zweckgebundenen Ameisen-Spendengeldern konnten wir uns in diesem wie bereits im letzten Jahr ein einwöchiges Zirkusprojekt leisten. Zusammen mit zwei Zirkuspädagogen des Circus Luna aus Aarau übten die Kinder und ihre Betreuerinnen eine Vorstellung ein. Am Ende der Woche gab es eine Vorstellung im Zirkuszelt mit Apéro für Eltern und andere Gäste der Kinder. Ungefähr 20 Kinder machten jeweils mit, vom Kleinkind bis zum Schulkind.

Abb. 33: Teilansicht des Spielplatzes im Innenhof des Kinderheims Pilgerbrunnen.

Es war ganz schön zu beobachten, wie die Kinder mittun und ihr sonst oft schwieriges Verhalten dabei ablegen. Diese beiden Zirkuswochen boten, nebst der grossen Freude und dem Spass für alle Beteiligten, den Pädagoginnen zudem einen anderen Blick auf die von ihnen betreuten Kinder. Die Mitarbeiterinnen des Kinderheims Pilgerbrunnen fanden die gruppenübergreifende Zusammenarbeit sehr wertvoll. Und auch für die Angehörigen der Kinder waren diese Anlässe kostbar; sie konnten ihrem Kind applaudieren und zeigen, dass sie stolz auf ihr Kind sind.

Nächstes Jahr werden wir uns etwas Neues ausdenken. Sicher werden wir aber wieder einen Anlass organisieren, zu dem die Kinder ihre Familien einladen können.

In früheren Jahren erneuerten wir zum Beispiel den Kinder-Fuhrpark (z. B. «Velöli» und Traktoren) oder schafften eine Wasserrinne an für das vergnügliche Spielen im Garten.

Abb. 34: Junge Frauen des Mädchenasyls Pilgerbrunnen bei der Kartoffelernte.

Abb. 35: Schwestern des Säuglings- und Mütterheim Pilgerbrunnen mit ihren Schützlingen.

Verein Chinderhus Blueme, Grub AR
Interview mit Luzia Majoleth, Gründerin und Leiterin 1972–2012
und Jasmin Steffen, Leiterin seit 2013

Das Chinderhus Blueme ist eine der wenigen nicht zürcherischen Institutionen, die von den Zürcher Ameisen unterstützt wurden – heute gar die einzige. Seit mehr als vier Jahrzehnten erhält es regelmässig Spenden. Aus dem ehemaligen Kinderheim Blueme wurde im Juni 2014 der Verein Chinderhus Blueme. Im Januar 2013 übernahm Jasmin Steffen die Leitung des Hauses. Sie hatte sich bereits zuvor während 15 Jahren gemeinsam mit ihrer Vorgängerin Luzia Majoleth um das Wohl der Kinder in der «Blueme» gekümmert.

Der Kontakt zum Kinderheim Blueme entstand in den 1970er-Jahren über Augusta Scharpf-Peter, Sammlerin und Ameise. Sie kannte Luzia Majoleth aus Fideris GR, wo diese ein Kinderheim eröffnen wollte. Weil dies von den Behörden jedoch abgelehnt wurde, zog Luzia Majoleth 1970 in den Kanton Appenzell Ausserrhoden.

Frau Majoleth, Sie eröffneten 1972 in der Gemeinde Grub im Kanton Appenzell Ausserrhoden das Kinderheim Blueme. Sie stammen aus dem Prättigau und hatten dort schon in den 1960er-Jahren in Ihrem Elternhaus ein Kinderheim eingerichtet. Weshalb gaben Sie dieses auf und verliessen Ihren Heimatkanton?

Als gelernte Kindergärtnerin nahm ich damals in mein Kinderheim sowohl nichtbehinderte als auch behinderte Kinder auf. Anfangs der 70er-Jahre stellten mir die Bündner Behörden ein Ultimatum: «Sie haben drei Monate Zeit, sich zu entscheiden. Entweder betreuen Sie in Ihrem Heim gesunde Kinder oder behinderte, beides zusammen geht nicht.» Das integrativ geführte Heim war zu dieser Zeit eine grosse Ausnahme und die Idee der Integration von Behinderten galt als revolutionär. Weil ich an meiner Idee aber unbedingt festhalten wollte, blieb mir keine andere Möglichkeit als wegzuziehen. So bin ich in den Kanton Appenzell Ausserrhoden gekommen, denn hier sah man in meinem Vorhaben kein Problem. Anfangs mietete ich für die Kinder und mich ein Haus in Walzenhausen, eineinhalb Jahre später zogen wir hierher nach Grub. Dieses 1829 errichtete Haus, das ehemalige Restaurant Blume, konnte ich schliesslich kaufen und machte daraus das Kinderheim Blueme. Damit ich darin ein Kinderheim führen durfte, musste ich allerdings eine etwas seltsame Auflage (passend zur Vergan-

Abb. 36: Wirtschaft zur Blume in Grub AR, undatierte Postkarte.

genheit des Hauses) erfüllen: Die Kantonsbehörden verlangten, dass ich die Wirteprüfung absolviere. Nachdem ich diese geschafft und der Kanton AR mein Konzept zur Führung des Kinderheims gutgeheissen hatte, stand der Zukunft des Kinderheims nichts mehr im Wege. Zwischen den Appenzeller Behörden und mir als Vertreterin des Kinderheims herrschte stets ein gutes, wohlwollendes Verhältnis.

Wie wurden und werden Sie von den Ameisen unterstützt?
Luzia Majoleth: Schon bald nach der Eröffnung des Kinderheims bekam ich jeweils im Dezember ein grosses Paket voll gestrickter Kinderwollsachen. Das waren stets sehr willkommene Gaben, die ich als Weihnachtsgeschenke den Kindern weiterreichen konnte. 1979 erhielt das Kinderheim zusätzlich zu den Strickwaren erstmals einen Geldbetrag. Seit vielen Jahren schon dürfen wir regelmässig einen schönen Batzen entgegennehmen. Dieser ermöglicht uns besondere Aktivitäten mit den Kindern. Verschiedene Male wurden die Spendengelder für Ferien mit den Kindern verwendet. In dem fast 200-jährigen Haus sind aber auch immer wieder Reparaturen nötig. So setzten wir das Geld in Absprache mit den Ameisen häufig dafür ein, unaufschiebbare Renovationen aus-

Abb. 37: Ess- und Spielzimmer im Chinderhus Blueme, 2015. Die Spuren der einstigen Wirtschaft sind noch heute deutlich erkennbar.

zuführen oder praktische Anschaffungen zu machen, wie zum Beispiel die Erneuerung des Bodens im Speisesaal oder den Kauf einer Geschirrspülmaschine. Als vor Jahren die Wasserleitung der alten Heizung kaputt ging, war ich froh, als Frau Schellenberg kurz darauf anrief und fragte, ob wir etwas brauchen könnten. Wir mussten dringend die komplette Heizungsanlage ersetzen, konnten dazu aber das Geld nicht aufbringen. Die Ameisen übernahmen spontan die Hälfte der Kosten.

Jasmin Steffen: Manchmal helfen uns die Gelder auch, offene Zahlungen von Eltern zu überbrücken, um so den laufenden Betrieb aufrechtzuerhalten. Mit der finanziellen Unterstützung durch die Ameisen können wir den Kindern spezielle Waldtage anbieten. Diese stehen ganz hoch im Kurs. Dank der diesjährigen Ameisenspende und dem tatkräftigen Einsatz von Freunden wird der Aussenbereich ab Juni 2018 um einen Kinderspielplatz ergänzt.

Bestand für Kinderheim oder Chinderhus je eine Unterstützung durch den Kanton oder die Gemeinde?

Luzia Majoleth: Nein, obwohl das Kinderheim natürlich der Kontrolle durch den Kanton unterstand, beteiligte er sich nie an den Kosten; das wollte ich auch nicht. Als ich in der Gemeinde Grub einen Sonderkindergarten eröffnete für kognitiv schwache und behinderte Kinder sowie für Kinder mit schwachen Deutschkenntnissen, gab es ebenfalls keine Unterstützung; und auch dafür hätte ich sie nicht gewollt. Die Kosten konnte ich teils mit Invalidenrenten decken, die ich für die Aufnahme von Kindern aus der Gemeinde erhielt.

Frau Steffen, Sie übernahmen im Januar 2013 die Leitung des Kinderheims von Frau Majoleth. Eineinhalb Jahre später wurde aus dem Kinderheim Blueme der Verein Chinderhus Blueme. Was war der Grund für diese Veränderung?
Als ich im Januar 2013 die Leitung des Chinderhus übernahm, wurde gleichzeitig die KESB gegründet. Zuvor hatte ich erfolglos versucht, eine Bewilligung für die Weiterführung des Hauses als Kinderheim zu bekommen. Doch es fühlte sich niemand mehr dafür zuständig und verantwortlich. Keine einfache Zeit! Rückblickend bin ich froh, dass ich durchgehalten und auch ziemlich bald eine provisorische Bewilligung erhalten habe. Selbstverständlich nicht ohne verschiedenste Auflagen, die ich aber alle erfüllen konnte. Am 1. März 2016 erhielt ich endlich die definitive Betriebsbewilligung.

Die KESB stellte ganz andere Anforderungen, als dies bisher der Fall war, sowohl bezüglich Infrastruktur als auch Ausbildung der Heimleitung. Es war plötzlich nicht mehr möglich, das Haus weiterhin als Kinderheim zu führen, in dem Kinder über Nacht bleiben können. Um die Existenz jedoch in anderer Form sichern zu können, rief ich 2014 den Verein Chinderhus Blueme ins Leben. So wurde aus dem Kinderheim eine Kindertagesstätte. Dieser Wandel bedeutete einen enormen administrativen Aufwand und die Auflagen bereiteten mir manche schlaflose Nacht. Doch ans Aufgeben dachte ich nie – auch dank der unbürokratischen und raschen finanziellen Unterstützung der Zürcher Ameisen. Sie hatten sich grosszügig dazu bereit erklärt, meine zwingend erforderliche Ausbildung zur Institutionsleiterin zu bezahlen.

Welches Angebot bietet die Kindertagesstätte Chinderhus Blueme an?
Jasmin Steffen: Wir nehmen Kinder auf im Alter von 4 Monaten bis etwa 12 Jahren. Das Chinderhus Blueme steht jedem Kind offen. Die Aufnahme erfolgt unabhängig von Herkunft, Konfession, Nationalität und Einkommensverhältnissen. Auch Kinder mit einer Behinderung finden bei uns einen professionellen Betreuungsplatz. Je nach Wunsch

und Bedarf werden die Kinder halbe oder ganze Tage betreut. Mittagessen können die Kinder entweder bei uns oder daheim, ganz so wie die Familie das möchte. Auch für Kindergärtner und Schüler bieten wir einen Mittagstisch an.

Für uns ist es wichtig, keine Konkurrenz zur elterlichen Obhut zu sein, sondern Familien eine Betreuungsergänzung anzubieten. Die Zusammenarbeit mit den Eltern sehen wir als wesentlichen Bestandteil unserer Arbeit.

Vereinsorganisation

Vereinszweck und Statuten

Den Vereinszweck formulierten die Westschweizer Gründerinnen 1892 mit dem einzigen Satz: «La Société des Fourmis invite toutes les jeunes filles à s'unir dans un but charitable: procurer des vêtements aux pauvres.»[121] Gleichlautend notierten ihre Deutschschweizer Kolleginnen den Vereinszweck im ersten Bericht der Deutschen Schweiz für das Jahr 1894: «Der Verein der Ameisen ladet die jungen Mädchen zur gemeinsamen Arbeit in einem Liebeswerke ein, die Armen zu kleiden.» Auch die Vereinsorganisation sowie die fünf Artikel der Statuten wurden wortgetreu aus der Genfer Vorlage übernommen, ebenso wie das abschliessende Notabene: «Obschon der Verein speziell im Hinblick auf junge Mädchen gegründet ist, sind doch Damen, die daran teil nehmen möchten, keineswegs ausgeschlossen.»[122] Der einzige Unterschied besteht in der Präambel. Die Genfer Gründerinnen wählten dazu einen Auszug aus den Briefen des Apostels Paulus an die Römer: «Ne soyez point paresseux à vous employer pour autrui.»[123] Übertragen ins Deutsche wird dies widergegeben mit: «Im Eifer seid nicht lässig, [...]»[124] Die Deutschschweizer Sektionen wählten eine Stelle aus dem Galaterbrief: «Lasset uns Gutes thun, und nicht müde werden.»[125] Anders als die englischen Vorreiterinnen, die ihr eigenes Zunftgebet verfassten, stellten die Schweizerinnen ihren Statuten ein biblisches Geleitwort voran.

Das zentrale Vereinsorgan befand sich von 1892 bis 1894 in Genf.[126] Es war zuständig für Fragen von allgemeinem Vereinsinteresse, die Gründung neuer Sektionen, die Korrespondenz mit den Präsidentinnen der Sektionen und die Erstellung eines jährlichen Berichts im Januar über die Tätigkeit jeder Sektion sowie das Vereinsgeschehen des vergangenen Jahrs.[127] Nach der Gründung der Sektionen Bern und Basel 1894 wurde für die Deutschschweiz ein Zentralkomitee in Basel eingerichtet. Da sich im Kanton Bern innerhalb weniger Jahre mehrere Gruppen gebildet hatten, wollte die Sektion Bern sich aus dem Verbund lösen. Dies gab den Anstoss, das Zentralkomitee aufzuheben: «Unsere Loslösung von der Hauptsektion der deutschen Schweiz lag daher nahe, umsomehr als die Beziehungen zwischen den einzelnen Sektionen nie sehr rege gewesen waren. Das bisherige Zusammengehen hatte mehr nur finanziellen Wert, das die gemeinsam gedruckten Berichte billiger zu stehen kommen, als wenn jede Stadt den ihrigen separat drucken

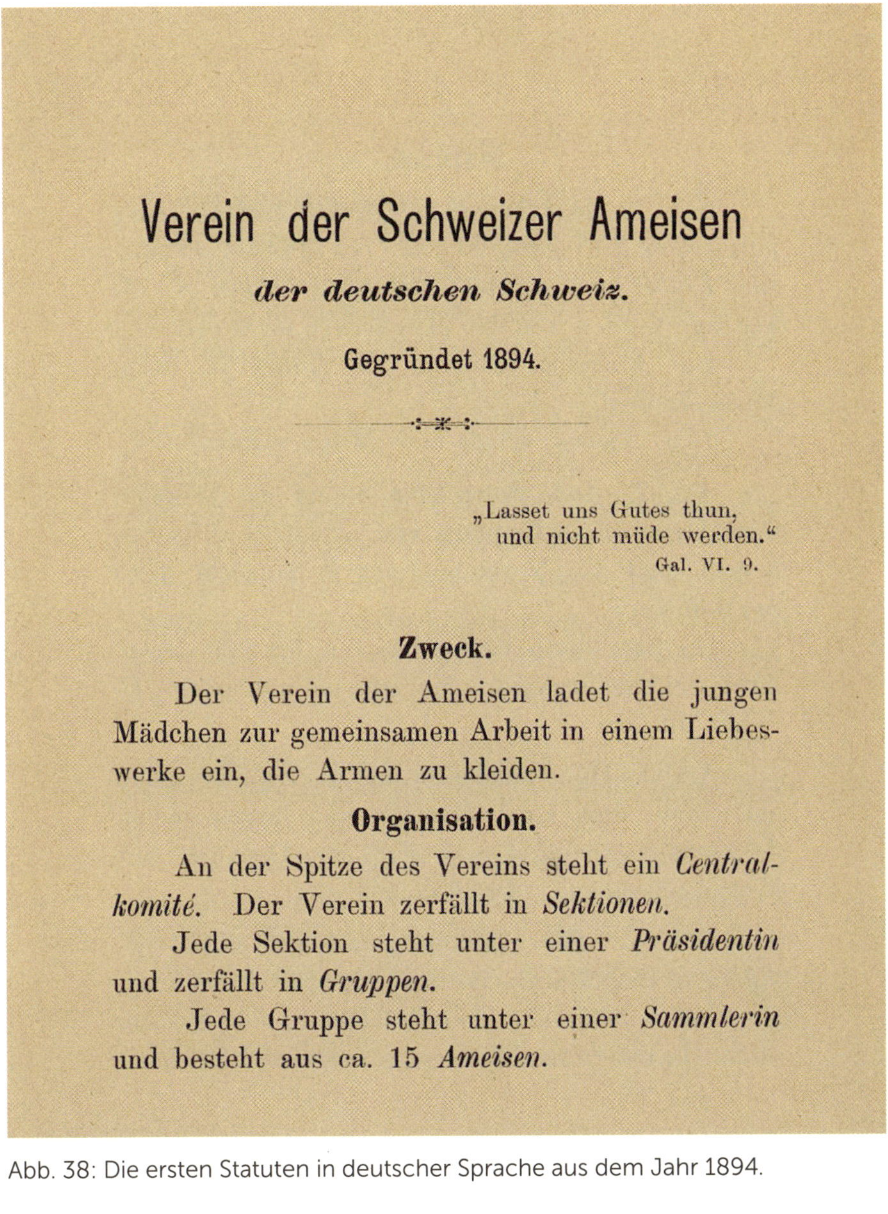

Verein der Schweizer Ameisen

der deutschen Schweiz.

Gegründet 1894.

„Lasset uns Gutes thun,
und nicht müde werden."
Gal. VI. 9.

Zweck.

Der Verein der Ameisen ladet die jungen Mädchen zur gemeinsamen Arbeit in einem Liebeswerke ein, die Armen zu kleiden.

Organisation.

An der Spitze des Vereins steht ein *Centralkomité*. Der Verein zerfällt in *Sektionen*.

Jede Sektion steht unter einer *Präsidentin* und zerfällt in *Gruppen*.

Jede Gruppe steht unter einer *Sammlerin* und besteht aus ca. 15 *Ameisen*.

Abb. 38: Die ersten Statuten in deutscher Sprache aus dem Jahr 1894.

Statuten.

Art. 1. *Jede Ameise verpflichtet sich im Jahre mindestens 2 Kleidungsstücke (für Männer, Frauen oder Kinder) auf eigene Kosten anzufertigen.* Geldbeiträge werden von den Mitgliedern nicht erhoben.

Die Ameisen arbeiten *zu Hause* in ihren Mussestunden.

Jede Ameise erhält eine Mitgliedskarte.

Art. 2. Jede *Sammlerin* nimmt die Arbeiten ihrer Gruppen in Empfang und sendet sie zwischen dem 1. und 15. November der *Präsidentin* ihrer Sektion ein.

Die Sammlerinnen werden von der Präsidentin ihrer Sektion ernannt. Sie müssen wenigstens 15 Jahre alt sein.

Art. 3. Die Präsidentin und die Sammlerinnen entrichten dem Centralkomité im Januar einen Jahresbeitrag von 1—5 Fr. zur Deckung der Vereinsausgaben. (Drucksachen etc.)

Art. 4. Die Sektionen umfassen einen bestimmten Bezirk z. B. eine Stadt und ihre Umgebung. Sie sind selbständig. Die Präsidentin der Sektion nimmt die Beitrittserklärungen entgegen. Sie bestimmt

5

mit den Sammlerinnen und *je nach den lokalen Bedürfnissen*, in welcher Weise die Kleidungsstücke zu verwenden sind, sei es, dass sie dieselben an bestimmte Bedürftige verteilen oder Pfarrhäusern, Wohlthätigkeitsanstalten u. dgl. übermitteln lässt.

Anfangs Januar zieht jede Kassiererin die Beiträge ihrer Sektion ein. Nach Bestreitung der Ausgaben schickt sie das übrige Geld nebst Rechnung an die Kassiererin des Centralkomités. Zugleich erstattet jede Präsidentin dem Centralkomité einen Bericht, in welchem die Namen ihrer Sammlerinnen und der Ameisen jeder einzelnen Gruppen sowie die Anzahl und die Verwendung der erhaltenen Kleidungsstücke anzugeben sind.

Art. 5. Das *Centralkomité* für die deutsche Schweiz hat gegenwärtig seinen Sitz in *Basel*, und für die französische Schweiz in Genf.

Das Centralkomité beschäftigt sich mit Fragen von allgemeinem Vereinsinteresse, gründet neue Sektionen und korrespondirt mit den Präsidentinnen. Im Januar erstattet es Bericht über die Leistungen der Sektionen und die Thätigkeit des Vereins im verflossenen Jahr.

6

N. B. Obschon der Verein speziell im Hinblick auf junge Mädchen gegründet ist, sind doch Damen, die daran theil nehmen möchten, keineswegs ausgeschlossen.

lässt. Dasselbe gilt auch von den Statuten», erläutert der Vorstand der Zürcher Ameisen im Bericht von 1898.[128]

Die 1894 verfassten Statuten erwiesen sich als ungemein beständiges Werk: Mehr als hundert Jahre später, an der Generalversammlung vom 30. Oktober 1997, änderten die Zürcher Ameisen sie erstmals und formulierten sie entsprechend den geänderten Gepflogenheiten. Jedes Vereinsamt kann seither offiziell auch von Männern ausgeübt werden. Willkommen waren Männer im Verein allerdings schon seit jeher: Bereits 1894 gesellte sich zu den handarbeitenden Mädchen und Frauen ein erster Knabe.[129] Die aktuellen Statuten wurden am 10. November 2010 verabschiedet. Neu findet jedes Jahr eine ordentliche Mitgliederversammlung statt. Ab 1997 wurde alle vier Jahr eine solche einberufen, nur die Sammlerinnen trafen sich wie schon zuvor jährlich mit dem Vorstand. Die Versammlung der Sammlerinnen und Sammler wurde mit den neuesten Statuten abgeschafft.[130]

Die Mitgliedschaft im Verein Schweizer Ameisen Sektion Zürich war und ist keine zeitaufwendige Verpflichtung. Heute, wo das Handarbeiten keine Voraussetzung mehr dafür ist, noch viel weniger. Doch schon früher warb der Vorstand mit den Worten: «Eine anspruchslosere gemeinnützige Institution als der Ameisenverein dürfte kaum existieren. Als Jahresbeitrag nur die Verpflichtung, wenigstens zwei Kleidungsstücke zu liefern, daneben weder Sitzungen, noch Betteln, noch Reklame!»[131]

Berichte und Mitgliederverzeichnis

Im Bericht von 1907 hält die Verfasserin fest: «Es liegt im Wesen unseres Vereins, dass sich in unsern Jahresberichten nicht viel Interessantes und Abwechslungsreiches über ihn sagen lässt. Der Gedanke, diese Blätter werden in der Stadtbibliothek, sowie in der Bundesbibliothek in Bern für künftige Generationen aufbewahrt, hat uns schon oft erheitert, so sehr wir die Ehre schätzen.»[132] Auch wenn es nicht die Absicht früherer Vereinsvorstände gewesen sein mag, wissen es heutige Interessierte zu schätzen, dass sie just in der Zentralbibliothek in Zürich (ZB) und in der Schweizerischen Nationalbibliothek in Bern (SNB) die Berichte der Zürcher Ameisen einsehen können. Seit 2000 nämlich werden die meisten bis dahin abgefassten Berichte und einzelne Schriftstücke der Sektion Zürich in der SNB aufbewahrt.[133] 2017 gab der Vorstand der Zürcher Ameisen die Berichte 1894–2003 in die ZB.

Bis 1910 wurde jedes Jahr ein Bericht an die Mitglieder versandt. Ab 1899 verfassten die Zürcher Ameisen diesen selbst, zuvor beinhalteten der Bericht der Genfer Ameisen von 1893 sowie die Berichte des Deutschschweizer Zentralkomitees die Mitteilungen der Sektion Zürich. Die Berichte gaben Auskunft über Mitgliederzahl, Zusammensetzung des Vorstands, Spendenempfänger, Anzahl gefertigter Handarbeiten (teils ausführlich nach Art der Kleidungs- und Wäschestücke für Kinder, Frauen, Männer), Ausgaben und Einnahmen. Oft wurden auch Auszüge aus Dankesschreiben von Spendenempfängern abgedruckt. Eines war allen Berichten gemein: Sie waren kurz gehalten. Und genauso, wie möglichst wenig korrespondiert wurde, hielten es die Zürcher Ameisen mit der Aktenaufbewahrung. Dem Beschluss von 1910, künftig jedes zweite Jahr einen Bericht zu verschicken, folgte der Vorstand nicht konsequent, doch informierte er die Mitglieder mit einem Abstand von längstens vier Jahren über die Vereinstätigkeit. Nach 1947 wurden die Abstände grösser.

Weit umfangreicher als die Berichte waren die ihnen angefügten Mitgliederverzeichnisse, in denen jede Ameise in der Gruppe ihrer Sammlerin aufgeführt ist. Der Eintrag erfolgte gesondert nach «Frau» oder «Fräulein», wobei bei den verheirateten Frauen auch der Mädchenname und, so vorhanden, der akademische Titel des Ehegatten angegeben wurde. Die «Fräulein» folgten innerhalb der Gruppenauflistung nach den «Frauen». «Aus Sparsamkeitsrücksichten» notierte man in manchen Jahren nur die Neueintritte oder verzichtete, wie im Kriegsjahr 1940, ganz darauf.[134] 1976 beschloss der Vorstand gemeinsam mit den Sammlerinnen, einerseits sämtliche Titel wegzulassen, andererseits, verheiratete und ledige Damen in gemischter Reihenfolge aufzulisten.

Mitgliederzahlen

Die Mitgliederzahl der Zürcher Ameisen stieg bis 1915 kontinuierlich an, erlitt in den nächsten fünf Jahren einen leichten Einbruch und erreichte 1932 den Höchststand mit 1154 Ameisen. Ab den 1960er-Jahren verlor der Verein viele Mitglieder. Seit zehn Jahren gelingt es, wieder vermehrt Mitglieder zu werben.

Die altersmässige Zusammensetzung seiner Mitglieder beschäftigte den Vereinsvorstand regelmässig. 1893 bestand die Zürcher Sektion aus acht Gruppen, alle von ihnen wurden von «Fräulein» ge-

Tab. 4: Mitgliederzahlen des Vereins Schweizer Ameisen Sektion Zürich, 1893–2018

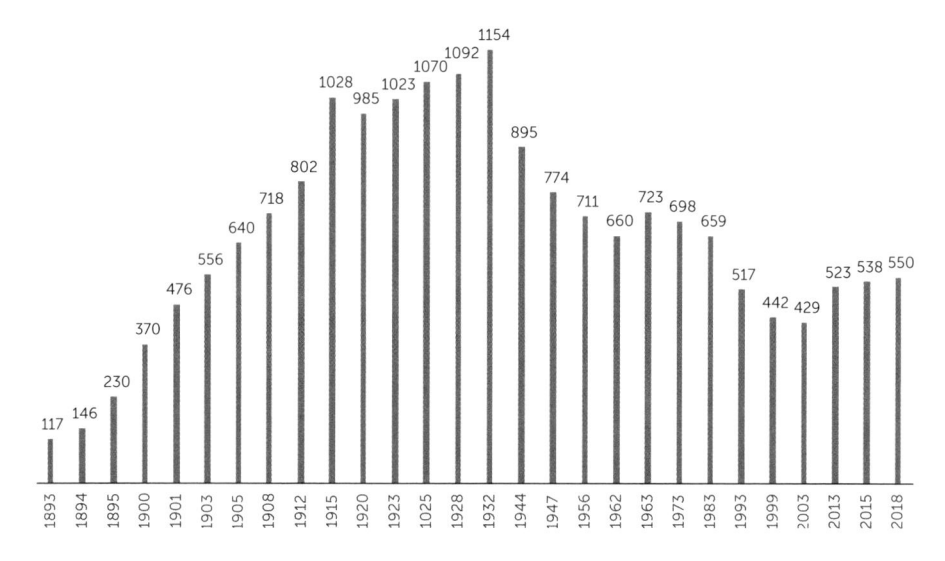

Jahr	Mitglieder
1893	117
1894	146
1895	230
1900	370
1901	476
1903	556
1905	640
1908	718
1912	802
1915	1028
1920	985
1923	1023
1025	1070
1928	1092
1932	1154
1944	895
1947	774
1956	711
1962	660
1963	723
1973	698
1983	659
1993	517
1999	442
2003	429
2013	523
2015	538
2018	550

Quellen: Berichte 1893–2003, Vereinsbroschüre 2015, Mitgliederliste 2018.

führt. Nur zehn von insgesamt 117 Ameisen waren damals verheiratet. Diese Altersstruktur entsprach der Vereinsidee, war der Verein doch speziell für junge Mädchen gegründet worden. Mit den Jahren verschob sich dieses Verhältnis mehr und mehr entgegen dieser Absicht. Daher appellierte der Vorstand 1947: «Aber unser Ameisenstaat braucht Verjüngung. [...] Wir vertrauen aber auch auf die bewährte Ameisentradition, die sich vererbt durch Urahne, Grossmutter, Mutter und Kind und die den Ameisenstaat nicht aussterben lassen wird, selbst im bedrängten gehetzten Heute.»[135] Von 774 Mitgliedern waren in jenem Jahr 228 Frauen ledig, 546 verheiratet. Nur knapp ein Drittel der 47 Gruppen wurde von ledigen Sammlerinnen geleitet.[136] Unter diesen ledigen Ameisen gab es sehr wahrscheinlich auch einige ältere Frauen, sodass der Anteil der Mädchen und jungen Frauen noch etwas kleiner gewesen sein dürfte. Dieser Trend setzte sich fort: Den Verein mit jüngeren Frauen aufzufrischen ist auch 2018 ein wesentliches Ziel des Vorstands.

Kontakt mit anderen Sektionen

Über Treffen und schriftlichen Austausch mit anderen Sektionen ist wenig bekannt. In den ersten Jahrzehnten muss der Kontakt unter den Sektionen aber enger gewesen sein. Darauf lassen verschiedene Sektionsberichte schliessen, die in Archiven in Bern und Genf aufbewahrt werden.[137] Überliefert ist beispielsweise, dass Frau Dr. v. Muralt die Zürcher Ameisen an der 50-Jahr-Feier der Sektion Genf 1942 vertrat.[138] Die Vereinspräsidentin Denise Jagmetti-de Reynier sandte den Bericht der Sektion Zürich von 1983 an die verbliebenen Sektionen.[139] Im Jahr 2007 war die Berner Präsidentin zu Gast an der Mitgliederversammlung in Zürich.[140] Die Sektionen Bern und Zürich stellen sich jeweils gegenseitig ihre Berichte zu.

Nach neuestem Kenntnisstand sind diese beiden Sektionen die einzigen noch existierenden Vereine der Schweizer Ameisen. Im Jahr 1900 zählte der Verein Schweizer Ameisen landesweit 22 Sektionen, 16 davon in der französischen Schweiz. Zu den Sektionen Basel, Bern und Zürich kamen in der deutschen Schweiz Liestal (1899) sowie Aarau (1900) und Sissach hinzu (1900). Weitere Gründungen in der Deutschschweiz waren: Schaffhausen (1904), St. Gallen (1905), Kilchberg (1905), Zug (1906), Zofingen (1912), Winterthur (1918). Die Sektionen Brugg, Lenzburg, Pratteln und Schönenwerd wurden zwischen 1912 und 1930 gegründet. Im Tessin bestand ab 1929 eine Sektion in Locarno.

Insgesamt finden sich in Berichten Hinweise auf 44 Sektionen. Von den meisten verliert sich die Spur in den 1930er-Jahren.[141] Am längsten aktiv waren Lausanne (bis mindestens 1987), Zug (bis mindestens 1987), Basel (bis 1986) und Genf (bis mindestens 1983).[142]

Die Sektionen Zug (Anna Nüscheler), Winterthur (vermutlich von Olga Reinhart-Schwarzenbach) und Mollon sur Sierre (Mme Heer) wurden von ehemaligen Zürcher Ameisen gegründet. Die Sektion Locarno rief Esther Kern, eine Tante der heutigen Zürcher Präsidentin Sabine Gloor-Kern, ins Leben.

Abb. 39: Mitgliederkarte der Sektion Winterthur, gestaltet vom Basler Künstler Niklaus Stoecklin im Auftrag ihrer Präsidentin Olga Reinhart-Schwarzenbach.

Wenig Rampenlicht – und zwei ganz grosse Auftritte

Nur selten suchte der Verein Schweizer Ameisen das Licht der Öffentlichkeit. Die beiden herausragenden Ausnahmen sind die Teilnahmen an der Schweizerischen Landesausstellung von 1896 in Genf und an der Schweizerischen Ausstellung für Frauenarbeit (SAFFA) von 1928 in Bern.

Berichte über die Zürcher Sektion in Printmedien lassen sich an einer Hand abzählen. Zum 75. Geburtstag der Zürcher Ameisen, hauptsächlich aber, um neue Ameisen zu werben, erschien 1968 ein Artikel in der Zeitschrift «Annabelle». Fünf Jahre davor war in der NZZ ein Artikel der Redaktorin Suzanne Oswald über die Ameisen zu lesen. 1993 interviewte das Limmattaler Tagblatt anlässlich des 100-jährigen Bestehens die Präsidentin Erika Schellenberg. 2017 veröffentlichte das Seesicht-Magazin ein Porträt über die Präsidentin Sabine Gloor-Kern und den Verein.[143]

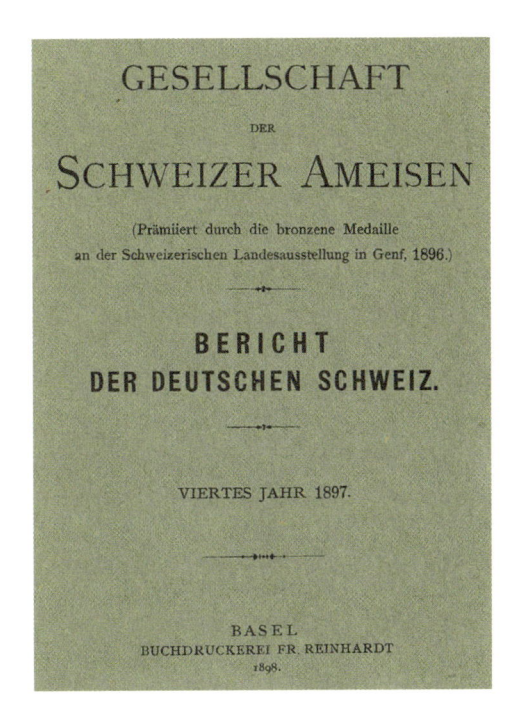

Abb. 40: An der Schweizerischen Landesausstellung 1896 in Genf wurde der Verein Schweizer Ameisen mit einer Bronzemedaille geehrt.

Schweizerische Landesausstellung in Genf, 1896

Vom 1. Mai bis zum 15. Oktober fand 1896 in Genf die zweite Schweizerische Landesausstellung statt. Den Hinweis, dass auch der Verein Schweizer Ameisen sich dort präsentierte, liefern die Titelseiten der Berichte des Zentralkomitees ab 1896 wie auch die Berichte der Sektion Zürich von 1898 bis 1955. Dort folgt unterhalb des Vereinsnamens jeweils der Zusatz: «Prämiiert durch die bronzene Medaille an der Schweizerischen Landesausstellung in Genf, 1896.»

Die Deutschschweizer Sektionen Basel, Bern und Zürich waren wohl nicht direkt in diesen Auftritt involviert, ausser dass sie dem Comité in Genf statistische Daten zu Mitgliederzahlen und gefertigten Handarbeiten übermittelten. Im Bericht über das Jahr 1896 war dem Deutschschweizer Zentralkomitee in Basel, nebst besagtem Zusatz auf der Titelseite, die Teilnahme am Grossereignis keine weitere Erwähnung wert. Die Anmeldung erfolgte 1895 durch das Comité der Romandie.[144] Getreu der Ameisensitte verlieren aber auch die Westschweizerinnen nicht viele Worte über die Teilnahme; in ihrem Bericht von 1896 folgt als letztes eine kurze Notiz dazu: «Nos rapports et statistiques à l'Exposition nationale suisse ont attiré l'attention du Jury et nous avons eu la satisfaction d'obtenir un diplôme de médaille de bronze, c'est un encouragement qui doit nous réjouir sans nous enorgueillir et nous porter à travailler toujours davantage. Nous savons maintenant que nous pouvons compter sur le zèle de toutes nos Fourmis et nous leur disons: ‹Courage et merci!›»[145] 1896 betrug die Zahl der Schweizer Ameisen insgesamt 2750, diejenige der gefertigten Kleidungsstücke 8121.[146]

In der Teilnehmerliste der Ausstellungsorganisation wird die Société des Fourmis de Suisse mit der Nummer 1917 in der Gruppe 22 «Vereine und Anstalten für Wohlthätigkeits- u. gemeinnützige Zwecke. Volkwirtschaftslehre.» aufgeführt. Dieser Gruppe sind total 203 Aussteller zugeordnet. Gemäss offizieller Prämierungsliste wurden aus dieser Gruppe 19 Teilnehmer mit einer Gold-, 34 mit einer Silber- und 116 mit einer Bronzemedaille ausgezeichnet.[147] Ihren Platz hatte die Gruppe 22 in einem Gebäude gleich neben einer der grössten Attraktionen dieser Landi – dem «ballon captif».[148]

Schweizerische Ausstellung für Frauenarbeit in Bern (SAFFA), 1928

Die SAFFA zog vom 26. August bis zum 30. September 1928 über 800 000 Besucherinnen und Besucher an. In 30 Pavillons demonstrierten 4000 Ausstellerinnen aus Handel, Gewerbe, Landwirtschaft, Industrie, Hauswirtschaft, Sozialarbeit, Wissenschaft und Kultur ihre Leistungen und ihr Können.[149]

Über die Teilnahme des Vereins an der SAFFA von 1928 äussern sich die Zürcher Ameisen im darauf folgenden Jahr lediglich in einem einzigen Satz: «Darf man es unserer Ausstellung an der Saffa als Erfolg buchen, dass sich im Tessin eine Sektion gebildet hat?»[150] An den Ausstellungskosten beteiligten sie sich laut Jahresrechnung mit 30 Franken.[151] Etwas ausführlicher berichten die Westschweizer und Tessiner Sektionen: «Les Sections de la Suisse romande ont décidé de participer à l'Exposition du Travail Féminin qui aura lieu à Berne, en 1928, mais elles ont trouvé que pour cette manifestation, elles devaient s'unir aux Sections de la Suisse allemande – heureuses de saisir cette occasion de resserrer les liens qui les attachent aux Fourmis confédérées et de montrer que leur Société, ayant des ramifications dans toute la Suisse, est fédérale et non pas seulement cantonale. Berne, Bâle, Zurich ont répondu, affirmativement aux ouvertures qui leur ont été

Abb. 41: Der Auftritt des Vereins Schweizer Ameisen an der Saffa in Bern, 1928.

faites; Schaffhouse, favorable en principe, a laissé le protocole ouvert. Nous espérons vivement l'adhésion de Zoug et de Saint-Gall.»[152] Erneut ging die Initiative, an die Öffentlichkeit zu treten und für den Verein zu werben, von den Westschweizerinnen aus.

Die St. Galler Ameisen schlossen sich wie erhofft doch noch an, wie eine Grafik auf der linken Seite in der Bildmitte zeigt. Von den Sektionen Basel und Bern hingen ebenfalls Plakate und Karten an der Ausstellungswand. Ob auch die Sektion Zürich mit eigenem Werbematerial vor Ort war, ist nicht bekannt.

Webauftritt

Still, aber nicht verborgen ist ein dritter Auftritt: Seit dem Spätsommer 2007 sind die Zürcher Ameisen online: www.ameisenverein.ch. Die Website informiert über den Vereinszweck und gibt einen Überblick über die Vereinsgeschichte. Besucher erfahren auch, welche Institutionen mit den gesammelten Geldspenden unterstützt werden.

Mit der Publikation zum 125-jährigen Vereinsjubiläum unternehmen die Zürcher Ameisen nun ihren nächsten Schritt an die Öffentlichkeit.

Anmerkungen

1. VSAZH: Bericht 1973, S. 5.
2. Liverpool Needlework Guild: Statuten, o. O., o. J.
3. Queen Mother's Clothing Guild (QMCG): Online-Eintrag der QMCG.
4. Robar, Stephen F.: Frances Cleveland (A Volume in the Presidential Wives Series), New York 2004, S. 85.
5. Queen Mother's Clothing Guild: wie Anm. 3.
6. Needlework Guild of America (NGA): Online-Eintrag der NGA.
7. Needlework Guild of America: History of the Needlework Guild of America, o. O., 1948, S. 4–11.
8. Needlework Guild of America: wie Anm. 6.
9. Société des Fourmis de Suisse (SFS): Rapport 1892, S. 6. Blanche und Madeleine Hentsch waren Nichten der Präsidentin Amélie Gampert, vgl. Online-Eintrag auf Geneanet zur Familie Hentsch.
10. SFS: Rapport 1892, S. 9–23.
11. Société des Fourmis de Suisse, Sections Romandes et Tessinoises (SFSRT): Rapport Général 1931–1932, S. 1. Mit dem erwähnten alten Haus dürfte das Heim von Amélie Gampert gemeint sein. Sie wohnte damals an der 5, rue des Granges.
12. Journal de Genève: Todesanzeige von Amélie Gampert, 3. 6. 1927, S. 5.
13. Geneanet: Online-Eintrag zu Amélie Gampert; Société Genevoise de Généalogie: Online-Eintrag zu Amélie Gampert.
14. Journal de Genève: wie Anm. 12.
15. Senarclens, Jean de: Hentsch, Henri, in: HLS, Basel 2007, S. 285.
16. SFS: Rapport 1892, S. 7.
17. SFSRT: Rapport Général 1931–1932, S. 1.
18. SFS: Rapport 1892, S. 27. Camille war der Vorname von Monsieur Barbey. Die verheirateten Vereinsmitglieder wurden bis in die frühen 1900er-Jahre teils mit dem Vornamen ihres Mannes angeführt.
19. SFS: Rapport 1892, S. 11.
20. Interview mit Valérie Burgy-Bierens de Haan und Jack Bierens de Haan, Enkel von Geneviève Barbey-Ador und Kinder deren jüngster Tochter Monique.
21. Fondation Gustave Ador: Gustave Ador. Lettres à sa fille Germaine et à son gendre Frédéric Barbey, Brief vom 21. 6. 1893, Genève 2009, S. 19.
22. VSAZH: Bericht 1963, S. 3.
23. Meierhans, Priska: Gartendenkmalpflegerisches Nutzungs- und Gestaltungskonzept Schneeligut Zürich-Enge, Abstract Diplomarbeit, HSR 2004.
24. Verzeichnis der Bürger der Stadt Zürich, Zürich 1904, S. 596.
25. SFS: Rapport 1893, S. 46.
26. Gesellschaft der Schweizer Ameisen, Deutsche Schweiz (VSADCH): Bericht 1894, S. 16.
27. VSADCH: Bericht 1895, S. 8.
28. Bergier, Jean-François: Wirtschaftsgeschichte der Schweiz. Von den Anfängen bis zur Gegenwart, Zürich 1990, S. 230–234.
29. Rey, Urs: Demografische Strukturveränderungen und Binnenwanderung in der Schweiz 1850–1950. Diss. Univ. Zürich 2003, S. 60.
30. Head-König, Anne-Lise: Bevölkerung, in: HLS, Basel 2003, S. 367.
31. Witzig, Heidi: «Verlange wenigstens 80 Frk oder ich heb die Familie auf» – Arme Familien im Zürcher Oberland, in: Armut in der Schweiz (17.–20. Jh.), Zürich 1989, S. 63.
32. Braun, Rudolf: Sozialer und kultureller Wandel in einem ländlichen Industriegebiet (Zürcher Oberland) unter Einwirkung des Maschinen- und Fabrikwesens im 19. und 20. Jahrhundert, Erlenbach, Zürich, Stuttgart 1965, S. 31–35.
33. SFS: Rapport 1893, S. 45; VSADCH: Berichte 1894–1897; VSAZH: Berichte 1898–1963. Die Pfarrei Wildberg erhält 1983 letztmals und als einziges Pfarreiamt noch eine Textilspende, vgl. VSAZH: Bericht 1983, S. 5.

34 Weber-Kellermann, Ingeborg: Frauenleben im 19. Jahrhundert, München 1989, S. 124. Zum Wandel der ökonomischen und sozialen Strukturen im 19. Jahrhundert vgl. auch: Joris, Elisabeth; Witzig, Heidi: Brave Frauen, aufmüpfige Weiber, Zürich 1992, S. 17–81.
35 Head-König, Anne-Lise: Frauenerwerbsarbeit, in: HLS, Basel 2005, S. 696–698.
36 Bundesamt für Sozialversicherungen (BSV): Online-Eintrag «Geschichte der Sozialen Sicherheit in der Schweiz», 2013.
37 Gredig, Daniel; Goldberg, Daniel: Soziale Arbeit in der Schweiz, in: Grundriss Soziale Arbeit. Ein einführendes Handbuch, Wiesbaden 2011, S. 403–406.
38 Janner, Sara: Mögen sie Vereine bilden. Frauen und Frauenvereine in Basel im 19. Jahrhundert, Basel 1995, S. 125–143.
39 Schumacher, Beatrice: Vereine in der Schweiz – die Schweiz und ihre Vereine. Ein historischer Überblick, Zürich 2017, S. 22.
40 Wild, A.; Schmid, C. A.: Vademecum für Armenpfleger, Zürich 1902, S. 182.
41 Wild, A.: Veranstaltungen und Vereine für soziale Fürsorge in der Schweiz, Zürich 1910, S. 464–574.
42 Altwegg-Weber, Lisette: Die kluge und einsichtige Schweizerin vom bürgerlichen Stande, St. Gallen 1880, S. 8.
43 Janner, Sara (1995): wie Anm. 38, S. 51.
44 Schumacher, Beatrice (2017): wie Anm. 39, S. 22.
45 Evangelischer Frauenbund Zürich: Auf den Spuren beherzter Frauen. 125 Jahre Evangelischer Frauenbund Zürich, 1887–2012, Zürich 2012, S. 118.
46 SFS: Rapport 1893, S. 45.
47 Mousson-Rahn, Nelly: 50 Jahre Zürcher Frauenbund, 1887–1937, Zürich 1937.
48 Gestrich, Andreas: Geschichte der Familie im 19. und 20. Jahrhundert, München 1999, S. 105–109.
49 VSADCH: Statuten 1894, S. 3–4.
50 Die Dauer von Vereinsmitgliedschaft und -ämtern konnte aufgrund der teils grossen Abstände zwischen den Berichten nicht in jedem Fall genau ermittelt werden. Als Ende wurde dann der letzte Eintrag in den Mitgliederverzeichnissen angegeben.
51 Ruckstuhl, Brigitte; Ryter, Elisabeth: Beraten, bewegen, bewirken. Zürcher Frauenzentrale 1914–2014, Zürich 2014, S. 15–20.
52 Felchlin, Margaritha: Pionierinnen mit Mut und Weitblick, in: Bulletin der Zürcher Frauenzentrale 01/09, Zürich 2009, S. 3.
53 VSAZH: Berichte 1920–1929.
54 Joelson-Strohbach, Harry: Reinhart, Georg, in: HLS, Basel 2011, S. 212–213.
55 VSAWI: Bericht 1938, S. 4. Gertrud Kaufmann-Achtnich stammte aus der Familie der Winterthurer Strickerei Achtnich (später Sawaco AG). Das Unternehmen fertigte von 1886 bis 1990 «gestrickte und gewirkte Unterwäsche des mittleren und gehobenen Genres», vgl. Niederhäuser, Peter: Unterwäsche aus Winterthur. Die Industrie- und Familiengeschichte Sawaco Achtnich, Zürich 2008, S. 30.
56 Ansprache des Pfarrers Max Frick, Grossmünster Zürich, bei der Beerdigung von Mathilde Vogel, 10. 8. 1946.
57 Schulthess v., Gustav W.; Renfer, Christian: Von der Krone zum Rechberg. 500 Jahre Geschichte eines Hauses am Zürcher Hirschengraben, Stäfa 1996, S. 115–12, vgl. auch: Zwicky, J. P.: Die Familie Vogel von Zürich, Zürich 1937, S. 82–83.
58 Interview mit Susette Zoelly-Kindhauser, Urenkelin von Mathilde Vogels Bruder Arnold.
59 Ansprache des Pfarrers Max Frick: wie Anm. 56.
60 Stammbaum der Familie Mousson.
61 Schulthess, J. J.: Neuer Bürger-Etat. Verzeichniss der Bürger der bisherigen Stadt Zürich auf Ende 1892, Zürich 1892, S. 364.
62 Kunz, Matthias: Mousson, Heinrich, in: HLS, Basel 2009, S. 772.
63 Stammbaum der Familie Mousson.
64 Frauenzentrale Zürich: Website.
65 Ruckstuhl, Brigitte; Ryter, Elisabeth (2014): wie Anm. 51, S. 132.

66 Soziale Frauenschule Zürich, Autor unbekannt. Aus der Sozialen Frauenschule Zürich entwickelte sich das Departement Soziale Arbeit der ZHAW.
67 «Unter diesem Namen hat es zwei Liegenschaften gegeben. ‹Wollenhof› hiess einmal das Haus an der Schipfe (das jetzige Heimatwerk), das 1702 vom Handelsherrn Hans Konrad Escher gekauft wurde [...].» Diese Liegenschaft wurde 1878 an die Stadt Zürich veräussert. An der Balderngasse 2 wurde 1876 der neue Wollenhof errichtet. In diesem Haus an der Ecke Talstrasse/Balderngasse wuchs Marie Schläpfer-Stocker auf. «Das in Zürich (Enge) gelegene ‹Kappeligut› [...] wurde von Heinrich Escher-Escher gekauft und ging nach dessen Tod auf seine Tochter Marie Stockar-Escher über.» Diese Informationen stammen aus privaten Dokumenten von Conrad Stockar (Familiäre Überlieferungen, Häuser, 2006).
68 Die Schwestern Luise und Josephine von Grebel gründeten 1878 eine Mädchensekundarschule für Zwölf- bis Siebzehnjährige sowie eine Oberstufe für junge Damen aus den «besseren Familien» Zürichs, vgl. Bodmer-Gessner, Verena: Bekannte Zürcher Lehrerinnen, in: Schweizerische Lehrerinnenzeitung, Bd. 77, 1973, S. 200.
Die Freie Evangelische Schule Zürich existiert seit 1874, ab 1882 wurden auch Mädchen aufgenommen. Bevor 1875 an der oberen Oetenbachgasse das erste Schulhaus gebaut wurde, diente das Klassenzimmer im Vereinshaus Augustinerhof in der Nacht jeweils als Schlafstätte für Obdachlose, vgl. Website der Freien Evangelische Schule Zürich.
69 Ab 1882 gab es in der Kuranstalt Heinrichsbad eine Kochschule, an der junge Frauen in Quartalskursen im Kochen und in Hauswirtschaft unterrichtet wurden, vgl. Burckhardt, Rudolf: Fünfzig Jahre Heinrichsbad, 1873–1923, Herisau 1923, S. 79–82.
70 Abdankungsansprache von Pfarrer Karl Fueter, Kirchenrat, vom 9. 5. 1951, anlässlich der Bestattung von Marie Schläpfer-Stocker im Krematorium in Zürich.
71 Interview mit Martin R. Stehli, Enkel von Emy Stehli-Zweifel.
72 Wagenordnung der Hochzeitsfeier vom 14. 9. 1892; VSAZH: Bericht 1894, Mitgliederverzeichnis.
73 Interview mit Martin R. Stehli: wie Anm. 71.
74 Privatbank Bellerive AG: Online-Eintrag der Privatbank Bellerive AG.
75 Encyclopedia Titanica: Online-Eintrag zu Maximilian Frölicher, vgl. Website Encyclopedia Titanica.
76 Stehli-Zweifel, Robert: Stehli & Co, Zürich und New York, 100 Jahre Seidenindustrie 1840–1940, Zürich 1940, S. 34–37.
77 Breiding, James R.: Wirtschaftswunder Schweiz. Ursprung und Zukunft eines Erfolgsmodells, Zürich 2016, S. 178–179.
78 Interview mit Martin R. Stehli: wie Anm. 71.
79 Schindler, Regine: Stammbaum zur Familie von Meta Heusser und Johanna Spyri, 2003.
80 Paur-Ulrich, Marguerite; Blass-Tschudi, Jacqueline: Tzigaga, das Wollschaf, Zürich 1958.
81 Die Erinnerungen wurden im Juni 2018 von Monika Beckedorf-Gasser verfasst.
82 Dschulnigg, Susanne: Die Zürcherin auf Schloss Bachtobel, in: Auf Frauenspuren in Weinfelden, Weinfelden 2009, S. 103–114.
83 Kesselring-Schläpfer, Eva: Erinnerungen, 1992.
84 Ebenda.
85 Dschulnigg, Susanne (2009): wie Anm. 82, S. 106.
86 Die Höhere Töchterschule wurde 1875 auf der Hohen Promenade gegründet, vgl. Online-Eintrag der Kantonsschule Stadelhofen.
87 Universität Zürich: Matrikeledition 1833–1924, Matrikelnummer 22320.
88 NZZ: Eine charmante Jubilarin, 28. 9. 1995, S. 55.
89 Ebenda.
90 NZZ: Erinnerungen an Lilly Rordorf, 27. 7. 1998, S. 27.
91 VSAZH: Bericht 1929–1931.
92 Zu den Verwandtschaftsverhältnissen vgl. Rordorf-Gwalter, Salomon: Mitteilungen über das Rordorf-Geschlecht, Zürich 1920, S. 230–235.

93　Lotti (Elisabeth) Rüedi-Rudolph war die Tochter von Eduard Rudolph und Emmy Rudolph-Schwarzenbach, der ersten Zürcher Ameise.
94　Die als Frauenfachschule Zürich bekannte Ausbildungsstätte wurde 1889 als «Schweizerische Fachschule für Damenschneiderei und Lingerie» von Johannes Schäppi, alt Nationalrat, gegründet. Ziel der Schule war es, junge Frauen aus der Unter- und Mittelschicht zu Schneiderinnen auszubilden. Anfänglich fand der Unterricht im Wollenhof an der Schipfe statt, im Gebäude, in dem sich heute das Heimatwerk befindet. 1898 entstand am Kreuzplatz auf dem Gelände der Villa Viktoria das erste Gebäude der noch heute dort existierenden Schule. Seit 2002 heisst die Schule Modeco, Schweizerische Fachschule für Mode und Gestaltung, vgl. Online-Eintrag der Modeco.
95　VSAZH: Bericht 1899, S. 4.
96　VSAZH: Brief des Vorstands an die Vereinsmitglieder, Herbst 1954.
97　VSAZH: Bericht 1902, S. 3. Zu den gefertigten Kleidungsstücken für Kinder zählten unter anderen «Bäffchen» und «Tragkleider». Mit «Bäffchen» ist ein rechteckiges, weisses Leinenstück (ähnlich einem Lätzchen) gemeint, mit Tragkleid ein Säuglingskleid, das weit über die Füsse reicht.
98　Interview mit Monica Stockar-Bruman, im Vereinsvorstand von 1982 bis 2007, über die Sammel- und Packtage in der Schweizerischen Epilepsie-Klinik.
99　VSAZH: Bericht 1963, S. 9.
100　Interview mit Monica Stockar-Bruman: wie Anm. 98.
101　VSAZH: Brief des Vorstands an die Vereinsmitglieder, September 1967.
102　VSAZH: Bericht 1947, S. 2.
103　VSAZH: Bericht 1973, S. 7.
104　VSAZH: Protokoll der Jahresversammlung vom 15. 11. 1973.
105　VSAZH: Protokoll der Jahresversammlung vom 20. 11. 1975.
106　VSAZH: wie Anm. 104 und 105.
107　VSAZH: Bericht 1916–1919, S. 4–5.
108　VSAZH: Bericht 1920–1922, Mitgliederverzeichnis, S. 11–29.
109　Mitteilungen über Textil-Industrie, Schweizerische Fachschrift für die gesamte Textilindustrie: Aufhebung der Fabrikationsvorschriften und der Textilrationierung, November 1945, Nr. 11, S. 1.
110　Brief des Vorstands an die Vereinsmitglieder, Juni 1942.
111　VSAZH: Statuten vom 10. 11. 2010.
112　VSAZH: Brief der Präsidentin an die Vereinsmitglieder, die nicht an der Jahresversammlung vom 24. 11. 1988 teilnahmen, 29. 11. 1988.
113　VSAZH: Brief der Präsidentin an die Vereinsmitglieder, August 1989.
114　VSAZH: Bericht 1911/1912, S. 5.
115　VSAZH: Bericht 1916–1919, S. 7.
116　VSADCH: Bericht 1894, Statuten, S. 5.
117　VSAZH: Bericht 1955, S. 3–4.
118　VSAZH: Bericht 1906, S. 4.
119　VSAZH: Übersicht Spendenempfänger, 2014–2017.
120　Das Kinderheim Pilgerbrunnen wird von den Zürcher Ameisen ohne Unterbruch seit 1893 unterstützt. Es wird vom Evangelischen Frauenbund Zürich (efz) geführt. Dieser Verein wurde 1888 gegründet und hiess damals «Zürcher Frauenbund zur Hebung der Sittlichkeit». Dessen Ziel war es, «die bisher staatlich geduldeten Stätten der Unzucht, die Bordelle, die Gassen- und Winkelprostitution sowie den Mädchenhandel abzuschaffen», wie in der Chronik des efz nachzulesen ist. Der Zürcher Frauenbund kaufte die Liegenschaft am damaligen Stadtrand von Zürich 1889 und eröffnete darin das «Vorasyl», ein Zufluchtshaus für «gefährdete und entgleiste» Mädchen, vgl. Website efz.
Die Bezeichnung «Pilgerbrunnen» geht auf einen Brunnen zurück, der früher nahe dem Haus an der Badenerstrasse stand. An diesem sollen sich Pilger, die unterwegs nach Einsiedeln waren, erfrischt haben, vgl. Zürcher Frauenbund zur Hebung der Sittlichkeit: Jahresbericht 1919, S. 1–2.

121 SFS: Rapport 1892, S. 3.
122 VSADCH: Bericht 1894, S. 3–6; SFS: Rapport 1892, S. 4–6.
123 SFS: Rapport 1892, S. 3. Die Genfer Ameisen vermerken als Quellenangabe Röm 12,2. Das von ihnen gewählte Zitat ist jedoch Teil von Röm 12,11, vgl. Die Heilige Schrift des Alten und Neuen Testaments. Verlag der Zwingli-Bibel Zürich, Zürich 1961, Neues Testament, S. 209. Wahrscheinlich wurde bei einer Abschrift die Ziffer 11 als römisch II gelesen.
124 Die Heilige Schrift des Alten und Neuen Testaments: wie Anm. 123.
125 VSADCH: S. 3. Das Zitat ist ein Auszug aus Gal. 6,9.
126 VSADCH: Bericht 1894, S. 7.
127 SFS: Rapport 1892, S. 5.
128 VSAZH: Bericht von 1898, S. 5.
129 Obwohl in den Statuten von 1894 nur weibliche Personen angesprochen werden, gab und gibt es in der Vereinsgeschichte einige wenige männlichen Mitglieder – 2018 sind es vier. Die erste männliche Ameise war 1894 der zwölfjährige «Herr Felix Simonius». Vielleicht war seine Mitgliedschaft aber auch nicht ganz freiwillig, war doch seine um fünf Jahre jüngere Schwester Ada damals ebenfalls eine Ameise. Wie Felix war auch dessen Bruder Alphons, der 1898 als Sechsjähriger zusammen mit seiner Schwester Ella zu den Ameisen kam, lediglich ein Jahr Vereinsmitglied, vgl. VSADCH: Bericht 1894, S. 18; VSADCH: Bericht 1898, S. 9; Stammbaum Familie Simonius aus Basel, vgl. Online-Eintrag.
130 VSAZH: Statuten vom 30. 10. 1997 und 10. 11. 2010.
131 VSAZH: Bericht 1923–1925, S. 3.
132 Gesellschaft der Schweizer Ameisen, Bericht der Sektion Zürich (VSAZH), 1907, S. 3.
133 VSAZH: Brief der Vereinspräsidentin Erika Schellenberg-Schär an die Schweizerische Landesbibliothek in Bern, August 2000.
134 VSADCH, VSAZH: Berichte 1893–2003.
135 VSAZH: Bericht 1947, S. 3.
136 Ebenda, S. 2.
137 Die beiden etwas umfangreicheren Bestände zum Verein Schweizer Ameisen befinden sich in der Schweizerischen Nationalbibliothek in Bern und in der Bibliothèque de Genève.
138 VSAZH: Brief des Vorstands an die Vereinsmitglieder, Juni 1942.
139 VSAZH: Notiz von Denise Jagmetti-de Reynier, undatiert (nach 1983).
140 VSAZH: Protokoll der Mitgliederversammlung vom 8. 11. 2007.
141 VSA: Berichte der Sektion Genf, der Zentralkomitees der französischen und deutschen Schweiz sowie Berichte einzelner Sektionen, eingesehen in Archiven in Bern, Genf, St. Gallen und Schaffhausen. Das exakte Gründungsjahr wie auch das Jahr der Vereinsauflösung liessen sich nicht immer exakt ermitteln, da Berichte häufig zusammengefasst für mehrere Jahre erschienen.
142 VSAZH: Brief der Lausanner Präsidentin R. M. Lambert, 1987; Karte der Zuger Präsidentin U. Stöckli-Rubli, 14. 6. 1987; Karte der Basler Präsidentin A. Speiser, November 1986; Notiz von Denise Jagmetti-de Reynier, undatiert (nach 1983).
143 NZZ, 1. 12. 1965, Abendausgabe, S. 6; Annabelle, 6. 11. 1968, S. 14; Limmattaler Tagblatt, 10. 11. 1993, S. 7; Seesicht-Magazin 2/17, S. 20–21.
144 SFS: Rapport 1895, S. 7.
145 SFS: Rapport 1896, S. 7.
146 VSADCH: Bericht 1896, S. 36.
147 Schweizerische Landesausstellung (Genf) 1896: Erinnerung an die Schweizerische Landesausstellung in Genf 1896, Genf 1896.
148 Gavard, Alexander: Schweizerische Landesausstellung. Offizieller Führer, Übersichtsplan, Genf 1896.
149 Spirig, Jolanda: Von Bubenhosen und Bildungsgutscheinen. Die Frauenzentrale Appenzell Ausserrhoden von 1929–2004, Herisau 2004, S. 14.
150 VSAZH: Bericht 1928, S. 6.
151 VSAZH: Bericht 1928, S. 8.
152 SFSRT: Rapport 1927–1930, S. 3.

Der Vorstand des Vereins Schweizer Ameisen Sektion Zürich

Vorstand 2018
Sabine Gloor-Kern, Präsidentin
Madlen von Stockar-Bolter, Quästorin
Brigitte M. Weiss-Jentsch, Aktuarin
Christiane Huber-Hirzel, Delegierte Spendenempfänger
Barbara Scherrer-Scheurer, Delegierte Spendenempfänger
Marianne Jucker-Stüber, Rechnungsrevisorin
Ursula von Waldkirch-Friedrich, Rechnungsrevisorin

Vorstandsmitglieder seit der Gründung

Präsidentinnen
Geneviève Barbey-Ador	1893–1895
Anna Paur	1896–1903
Helene Rudolph	1904–1933
Julie von Wyss-Ehinger	1934–1935
Gertrud Mousson	1935–1943
Lilly Rordorf	1944–1961
Lotti Rüedi-Rudolph	1962–1976
Denise Jagmetti-de Reynier	1977–1990
Erika Schellenberg-Schär	1991–2001
Barbara Lutz-Kaufmann	2002–2008
Sabine Gloor-Kern	2009–

Komitee/Vorstand
Helene Rudolph, Mathilde Vogel, Lisy Sidler-Huguenin, Helene von Muralt-Bodmer, Gertrud Mousson, Anna Ulrich, Frau Schindler-Stockar, Marguerite Paur-Ulrich, Lilly Rordorf, Frau Schmid-Hunziker, Margareta Wehrli-Keyser, Elisabeth Rüedi-Rudolph, Marianne Schellenberg-Stockar, Dora Usteri-Hürlimann, Charlotte de Reynier-von Muralt, Elsbeth Wehrli-Baumberger, Ingeborg Haab-Peyer, Denise Jagmetti-de Reynier, Ursula Corradini-Singer, Monica von Stockar-Bruman, Erika Schellenberg-Schär, Annie Tuchschmid-Stokar, Maya Erni-Eberle, Barbara Lutz-Kaufmann, Sabine Gloor-Kern, Ruth Christen-von Schulthess, Doris Spillmann-von Schulthess, Marianne Steiner-Heller, Liza Honegger-Rappold, Claudia Bär-Lutz, Madlen von Stockar-Bolter, Brigitte M. Weiss-Jentsch, Barbara Scherrer-Scheurer

Rechnungsrevisorinnen (seit 1976)
Ruth Karrer, Elisabeth Dubs-Wipf, Yvonne Hürlimann-Hockenjos, Vreni Erni-Locher, Marianne Steiner-Heller, Dorina Kramer-Jenny, Ursula von Waldkirch-Friedrich, Marianne Jucker-Stüber

Abkürzungen

HLS	Historisches Lexikon der Schweiz
HSR	Hochschule Rapperswil
NZZ	Neue Zürcher Zeitung
SFS	Société des Fourmis de Suisse, Genève
SFSRT	Société des Fourmis de Suisse, Sections Romandes et Tessinoises
VSA	Verein Schweizer Ameisen
VSADCH	Verein Schweizer Ameisen Deutsche Schweiz
VSAWI	Verein Schweizer Ameisen Sektion Winterthur
VSAZH	Verein Schweizer Ameisen Sektion Zürich
ZHAW	Zürcher Hochschule für Angewandte Wissenschaften

Abbildungsnachweis

1	Privatbesitz.
2	VSAZH.
3	Queen Mother's Clothing Guild.
4	VSAZH.
5–7	Privatbesitz.
8	Zentralbibliothek Zürich: Schneeli Haus, Breitinger Robert, Zürich 1905.
9	Privatbesitz.
10	Zentralbibliothek Zürich: 20. Hochzeitstag Emmy und Eduard Rudolph, Renée Schwarzenbach, Bocken, Zürich 1916 (scr F RS XIII 67).
11	Privatbesitz.
12	Zentralbibliothek Zürich: Zürich. Rechberghaus, Guler R., Zürich 1883.
13–19	Privatbesitz.
20–23	«Tzigaga, das Wollschaf», Paur-Ulrich, Marguerite; Blass-Tschudi, Jacqueline, Zürich 1958.
24–26	Privatbesitz.
27–29	VSAZH.
30	Staatsarchiv des Kantons Basel-Stadt, BSL 1013 1-510 1, Hans Bertolf, 27. 10. 1953.
31	VSAZH.
32	Sozialarchiv Zürich, Sozarch_F_Oc-0001-055.
33–35	Evangelischer Frauenbund Zürich.
36	Gemeindearchiv Grub AR.
37	Privatbesitz.
38–40	VSAZH.
41	Staatsarchiv des Kantons Bern, V Frauenzentrale 242.

Quellen und Literatur

Ungedruckte Quellen

Archiv des Vereins Schweizer Ameisen Sektion Zürich
Berichte der Sektion Zürich über die Jahre:
1894, 1895, 1896, 1897, 1898, 1899, 1900, 1901, 1902, 1903, 1904, 1905, 1906, 1907, 1908, 1909, 1910, 1911/1912, 1913–1915, 1916–1919, 1920–1922, 1923–1925, 1926–1928, 1929–1931, 1932–1934, 1934/1935, 1937, 1938/1939, 1942/1943, 1945, 1947, 1955, 1963, 1973, 1983, 1993, 1999, 2003.
Brief des Vorstands der Sektion Zürich an die Vereinsmitglieder, Juni 1942.
Brief des Vorstands der Sektion Zürich an die Vereinsmitglieder, Herbst 1954.
Brief des Vorstands der Sektion Zürich an die Vereinsmitglieder, September 1967.
Brief der Präsidentin der Sektion Lausanne, R. M. Lambert, 1987.
Brief der Präsidentin der Sektion Zürich an die Vereinsmitglieder, 29. 11. 1988.
Brief der Präsidentin der Sektion Zürich an die Vereinsmitglieder, August 1989.
Brief der Vereinspräsidentin der Sektion Zürich, Erika Schellenberg-Schär, an die Schweizerische Landesbibliothek in Bern, August 2000.
Karte der Präsidentin der Sektion Zug, U. Stöckli-Rubli, 14. 6. 1987.
Karte der Präsidentin der Sektion Basel, A. Speiser, November 1986.
Mitgliederliste der Zürcher Sektion 2018.
Notiz von Denise Jagmetti-de Reynier, Präsidentin der Sektion Zürich, undatiert (nach 1983).
Protokoll der Jahresversammlung der Sektion Zürich, 15. 11. 1973.
Protokoll der Jahresversammlung der Sektion Zürich, 20. 11. 1975.
Protokoll der Mitgliederversammlung der Sektion Zürich vom 8. 11. 2007.
Statuten der Schweizer Ameisen der deutschen Schweiz, in: Gesellschaft der Schweizer Ameisen. Bericht der Deutschen Schweiz, 1894, Basel 1895.
Statuten des Vereins Schweizer Ameisen, Zürich, 30. 10. 1997.
Statuten des Vereins Schweizer Ameisen Sektion Zürich, 10. 11. 2010.
Übersicht Spendenempfänger der Sektion Zürich 2014–2017.
Vereinsbroschüre Verein Schweizer Ameisen, Sektion Zürich, 2015.

Der Verein Schweizer Ameisen Sektion Zürich nannte sich bis 1925 «Gesellschaft der Schweizer Ameisen», von 1926 bis 1943 abwechselnd «Schweizer Ameisenverein» und «Gesellschaft der Schweizer Ameisen», von 1945 bis 1983 «Schweizer Ameisenverein», seit 1993 «Verein Schweizer Ameisen». Allen Varianten folgt der Zusatz «Sektion Zürich».

Bibliothèque de Genève
BGE E 1712 Société des fourmis de Suisse:
	Rapport 1892, Genève 1893.
	Rapport 1893, Genève 1894.
	Rapport 1927–1930.
BGE E 1713 Société des fourmis de Suisse, Sections Romandes:
	Rapport 1895, Genève 1896.
	Rapport 1896, Genève 1897.

Schweizerische Nationalbibliothek Bern
V Schweiz 158 Gesellschaft der Schweizer Ameisen:
	SFSRT, Rapport Général 1931–1932.

V10158   Schweiz. Ameisenverein, Sektion Zürich:
	Dossiers: Statuten, Berichte, Diverses.

Staatsarchiv des Kantons St. Gallen
StASG A 330/1.1-1/11 Verein der Schweizer Ameisen: Sektion St. Gallen.

Stadtarchiv Schaffhausen
StadtA SH D VI/139 Gesellschaft der Schweizer Ameisen, Sektion
	Schaffhausen.
StadtA SH C II.25./17 Kriegswirtschaftliche Massnahmen.

Zentralbibliothek Zürich
LK 903 Gesellschaft der Schweizer Ameisen, Sektion Zürich.

Private Archive

Abdankungsansprache von Pfarrer Karl Fueter, Kirchenrat, vom 9. 5. 1951, anlässlich der Bestattung von Marie Schläpfer-Stockar im Krematorium in Zürich.
Ansprache des Pfarrers Max Frick, Grossmünster Zürich, bei der Beerdigung von Mathilde Vogel, 10. 8. 1946.
Kesselring-Schläpfer, Eva: Erinnerungen, 1992.
Schindler, Regine: Stammbaum zur Familie von Meta Heusser und Johanna Spyri: Nachkommen von Pfr. Kaspar Gessner und seiner Frau Elisabeth Keller, Stand 12. 11. 2003.
Stammbaum der Familie Mousson.
Stockar, Conrad: Familiäre Überlieferungen, Häuser, 2006.
Wagenordnung der Hochzeitsfeier von Emy Zweifel und Robert Stehli in Zürich vom 14. 9. 1892.

Interviews

Interview mit Denise Jagmetti-de Reynier, 13. 7. 2017, Sabine Gloor und Anne-Marie Weder.
Interview mit Manuela Gärtner und Valeria Rentsch, Kinderheim Pilgerbrunnen, Zürich, 13. 11. 2017, Anne-Marie Weder.
Interview mit Jasmin Steffen und Luzia Majoleth, Verein Chinderhus Blueme, Grub AR, 20. 11. 2017, Anne-Marie Weder.
Interview mit Martin R. Stehli, 1. 12. 2017, Connie Bodmer.
Interview mit Monika Beckedorf-Gasser, 11. 1. 2018, Sabine Gloor und Anne-Marie Weder.
Interview mit Valérie Burgy-Bierens de Haan und Jack Bierens de Haan, 26. 3. 2018, Anne-Marie Weder.
Interview mit Susette Zoelly-Kindhauser, Urenkelin von Mathilde Vogels Bruder Arnold, 20. 4. 2018, Anne-Marie Weder.
Interview mit Monica Stockar-Bruman, 6. 6. 2018, Anne-Marie Weder.

Gedruckte Quellen

Annabelle: Zum 75. Geburtstag der Zürcher Ameisen, 6. 11. 1968.
Bundesamt für Sozialversicherungen 2013: Geschichte der Sozialen Sicherheit in der Schweiz, URL: www.geschichtedersozialensicherheit.ch/synthese/, 8. 11. 2017.
Die Heilige Schrift des Alten und Neuen Testaments. Verlag der Zwingli-Bibel Zürich, Zürich 1961.
Encyclopedia Titanica: RMS Titanic facts, history and passenger and crew biography, URL: www.encyclopedia-titanica.org/titanic-survivor/maximilian-frolicher-stehli.html, 22. 5. 2018.
Evangelischer Frauenbund Zürich: Chronik, ULR: http://www.vefz.ch/verein/index.php?nav=21, 29. 4. 2018.
Felchlin, Margaritha: Pionierinnen mit Mut und Weitblick, in: Bulletin der Zürcher Frauenzentrale 01/09, Zürich 2009.
Fondation Gustave Ador: Gustave Ador. Lettres à sa fille Germaine et à son gendre Frédéric Barbey, 1889–1928, tome I, 1889–1913, Genève 2009.
Frauenzentrale Zürich: URL: https://www.frauenzentrale-zh.ch/Mitgliedschaft/Ehrenmitglieder.39.html, 29. 4. 2018.
Freie Evangelische Schule Zürich: Angaben zur Geschichte der Schule, URL: www.fesz.ch/ueber-uns/geschichte, 25. 4. 2018.
Geneanet: Eintrag zu Amélie Gampert, URL: https://gw.geneanet.org/rossellat?n=gampert&oc=&p=amelie+marie, 24. 1. 2018.
Geneanet: Eintrag zur Familie Hentsch, URL: https://gw.geneanet.org/rossellat?lang=de&p=auguste+charles&n=hentsch, 24. 1. 2018.
Journal de Genève: Todesanzeige von Amélie Gampert, 3. 6. 1927.

Kantonsschule Stadelhofen: URL: http://www.ksstadelhofen.ch/dnn/Default.aspx?tabid=64, 29. 6. 2018.

Limmattaler Tagblatt: Eine emsige «Ameise». Die Weiningerin Erika Schellenberg leitet den Verein Schweizer Ameisen, 10. 11. 1993.

Liverpool Needlework Guild: Statuten, o. O., o. J.

Mitteilungen über Textil-Industrie, Schweizerische Fachschrift für die gesamte Textilindustrie: Aufhebung der Fabrikationsvorschriften und der Textilrationierung, November 1945, Nr. 11.

Modeco: 125 Jahre, 1889–2014, URL: http://www.modeco.ch/de/125-jubilaum, 26. 3. 2018.

Needlework Guild of America: URL: www.nga-inc.org, 18. 12. 2017.

Neue Zürcher Zeitung: Erinnerungen an Lilly Rordorf. Zum Hinschied der ältesten Zürcherin (verfasst von ihrer Nichte Verena von Hammerstein-Rordorf), 27. 7. 1998.

Neue Zürcher Zeitung: Eine charmante Jubilarin. Lilly Rordorf, älteste Einwohnerin Zürichs, wird 105 Jahre alt, 28. 9. 1995.

Neue Zürcher Zeitung: Die Zürcher Ameisen, 1. 12. 1965, Abendausgabe.

Paur-Ulrich, Marguerite; Blass-Tschudi, Jacqueline: Tzigaga, das Wollschaf, Zürich 1958.

Privatbank Bellerive AG: URL: www.bellerivebanking.ch/de/Ueber-uns/Geschichte.php, 22. 5. 2018.

Queen Mother's Clothing Guild, URL: www.qmcg.org.uk/history/, 18. 12. 2017.

Rordorf-Gwalter, Salomon: Mitteilungen über das Rordorf-Geschlecht, Zürich 1920.

Schulthess, J. J.: Neuer Bürger-Etat, Verzeichniss der Bürger der bisherigen Stadt Zürich auf Ende 1892, Zürich 1892.

Schweizerische Landesausstellung (Genf) 1896: Erinnerung an die Schweizerische Landesausstellung in Genf 1896, Genf 1896.

Seesicht-Magazin: Portrait über Sabine Gloor-Kern, Präsidentin des Vereins Schweizer Ameisen, Sektion Zürich, Heft 2/17.

Société Genevoise de Généalogie: Eintrag zu Amélie Gampert, URL: www.gen-gen.ch/tng/getperson/?personID=I113345&tree=sgg, 24. 1. 2018.

Stammbaum Familie Simonius aus Basel: URL: www.stroux.org/patriz_f/stQV_f/Sim_r.pdf, 2. 10. 2017.

Universität Zürich: Matrikeledition 1833–1924: Matrikelnummer 22320, URL: http://www.matrikel.uzh.ch/active/static/27448.htm, 23. 3. 2018.

Verzeichnis der Bürger der Stadt Zürich, Aus Auftrag des Stadtrates, verfasst durch das Zivilstandsamt, Zürich 1904.

Zürcher Frauenbund zur Hebung der Sittlichkeit: Jahresbericht 1919.

Zwicky, J. P.: Die Familie Vogel von Zürich, Zürich 1937.

Sekundärliteratur

Altwegg-Weber, Lisette: Die kluge und einsichtige Schweizerin vom bürgerlichen Stande, St. Gallen 1880.
Bergier, Jean-François: Wirtschaftsgeschichte der Schweiz. Von den Anfängen bis zur Gegenwart, Zürich 1990.
Bodmer-Gessner, Verena: Bekannte Zürcher Lehrerinnen, in: Schweizerische Lehrerinnenzeitung, Bd. 77, 1973.
Braun, Rudolf: Sozialer und kultureller Wandel in einem ländlichen Industriegebiet (Zürcher Oberland) unter Einwirkung des Maschinen- und Fabrikwesens im 19. und 20. Jahrhundert, Erlenbach, Zürich, Stuttgart 1965.
Breiding, James R.: Wirtschaftswunder Schweiz. Ursprung und Zukunft eines Erfolgsmodells, Zürich ^{3}2016.
Burckhardt, Rudolf: Fünfzig Jahre Heinrichsbad, 1873–1923, Herisau 1923.
Dschulnigg, Susanne: Die Zürcherin auf Schloss Bachtobel, in: Auf Frauenspuren in Weinfelden, Weinfelden 2009.
Evangelischer Frauenbund Zürich: Auf den Spuren beherzter Frauen. 125 Jahre Evangelischer Frauenbund Zürich, 1887–2012. Zürich 2012.
Gavard, Alexander: Schweizerische Landesausstellung. Offizieller Führer, Übersichtsplan, Genf 1896.
Gestrich, Andreas: Geschichte der Familie im 19. und 20. Jahrhundert, München 1999.
Gredig, Daniel; Goldberg, Daniel: Soziale Arbeit in der Schweiz, in: Grundriss Soziale Arbeit. Ein einführendes Handbuch, Wiesbaden 2011, S. 403–406.
Head-König, Anne-Lise: Bevölkerung, in: Historisches Lexikon der Schweiz, Basel 2003.
Head-König, Anne-Lise: Frauenerwerbsarbeit, in: Historisches Lexikon der Schweiz, Basel 2005.
Janner, Sara: Mögen sie Vereine bilden. Frauen und Frauenvereine in Basel im 19. Jahrhundert. Basel 1995.
Joelson-Strohbach, Harry: Reinhart, Georg, in: Historisches Lexikon der Schweiz, Basel 2011.
Joris, Elisabeth; Witzig, Heidi: Brave Frauen, aufmüpfige Weiber, Zürich 1992.
Kunz, Matthias: Mousson, Heinrich, in: Historisches Lexikon der Schweiz, Basel 2009.
Meierhans, Priska: Gartendenkmalpflegerisches Nutzungs- und Gestaltungskonzept Schneeligut Zürich-Enge, Abstract Diplomarbeit, Hochschule Rapperswil 2004.
Mousson-Rahn, Nelly: 50 Jahre Zürcher Frauenbund, 1887–1937, Zürich 1937.
Needlework Guild of America: History of the Needlework Guild of America, o. O. 1948.
Niederhäuser, Peter: Unterwäsche aus Winterthur. Die Industrie- und Familiengeschichte Sawaco Achtnich, Zürich 2008.

Rey, Urs: Demografische Strukturveränderungen und Binnenwanderung in der Schweiz 1850–1950. Diss. Univ. Zürich 2003.

Robar, Stephen F.: Frances Clara Folsom Cleveland (A Volume in the Presidential Wives Series), New York 2004.

Ruckstuhl, Brigitte; Ryter, Elisabeth: Beraten, bewegen, bewirken. Zürcher Frauenzentrale 1914–2014, Zürich 2014.

Schulthess v., Gustav W.; Renfer, Christian 1996: Von der Krone zum Rechberg. 500 Jahre Geschichte eines Hauses am Zürcher Hirschengraben, Stäfa 1996.

Schumacher, Beatrice: Vereine in der Schweiz – die Schweiz und ihre Vereine. Ein historischer Überblick, Zürich 2017.

Senarclens, Jean de: Hentsch, Henri, in: Historisches Lexikon der Schweiz, Basel 2007.

Soziale Frauenschule Zürich, Autor unbekannt, in: Frauenbestrebungen, Heft 10, 1920.

Spirig, Jolanda: Von Bubenhosen und Bildungsgutscheinen. Die Frauenzentrale Appenzell Ausserrhoden von 1929–2004. Herisau 2004.

Stehli-Zweifel, Robert: Stehli & Co, Zürich und New York, 100 Jahre Seidenindustrie 1840–1940, Zürich 1940.

Weber-Kellermann, Ingeborg: Frauenleben im 19. Jahrhundert, München 1989.

Wild, A.; Schmid, C. A.: Vademecum für Armenpfleger, Zürich 1902.

Wild, A.: Veranstaltungen und Vereine für soziale Fürsorge in der Schweiz, Zürich 1910.

Witzig, Heidi: «Verlange wenigstens 80 Frk oder ich heb die Familie auf» – Arme Familien im Zürcher Oberland, in: Armut in der Schweiz (17.–20. Jh.), Zürich 1989.